El orgullo de Morelos 3: La capital del cartel

Diego Castillo

LA DEDICACIÓN

En especial me gustaría dedicarle esto a todas las familias mexicanas que han sufrido a causa del narcotráfico y crimen organizado. Estoy con ustedes y cuentan con todo mi apoyo y respeto.
¡Viva México….!

ÍNDICE DE CONTENIDOS

* Este libro contiene ejemplos de argot, expresiones coloquiales y regionalismos. Hemos incluido un glosario de los términos y expresiones utilizados al final del libro.

RECONOCIMIENTOS

A mi madre, que ha sido mi roca todos estos años y me ha enseñado a vivir con integridad y valor. Por creer en mi apoyarme en todas mis altas y bajas. Gracias a ti he llegado hasta donde estoy. A mis cuatro hermanos, Juan, Luis, Hernán y Chucho que me enseñaron lo que es "ser banda" y lo que es una verdadera hermandad.

1.
EL BARRIO LLORA

Ese diciembre del año 2000 fue uno de los más trágicos en la historia de barrio Bravo, que había tenido pasajes tan complicados como terremotos, azotes de violencia entre pandillas, enfrentamientos con la policía y violencia sistémica engendrada por un modelo económico opresor, desigual y ruin para las clases populares. Sin embargo, el asesinato masivo que habían padecido en noviembre era el golpe más crudo y doloroso del que tuvieran memoria en la Morelos. Decenas de inocentes de todas las edades habían sido asesinados de las formas más bestiales y los métodos más inhumanos, y otros muchos aún se encontraban desaparecidos. Entre ese grupo de personas en paradero desconocido figuraba la hermana pequeña de Juan Tostado,

Carmelita, de quien se sospechaba seriamente que podría estar siendo explotada sexualmente en alguno de los múltiples negocios de los alfas en la república. Juan Tostado se había hecho el firme propósito de buscarla en cada rincón, y no escatimaría en esfuerzos para ello. Paralelamente, los calavera habían resuelto cobrar a los alfas esta indudable falta hacia el barrio. El cártel había tocado las fibras más sensibles y sagradas de la Morelos, y todas las pandillas se sentían laceradas y desafiadas. Era el momento de la venganza.

El Guerrero había tratado de volver a establecer la tregua con los calabazos, pero el regreso de Juan Tostado al barrio hacía más difícil la negociación, pues el Vilchis, el líder de los calabazos, aún no perdonaba el asesinato del Califas y no tenía intención de dejar pasar este hecho. Quería la sangre de Juan. La masacre parecía acercarlos y poner como eje común entre ambos la lucha contra los alfas, pero el rencor de aquel cholo sería una piedra y un obstáculo latente. A principios del mes de diciembre se convocó una reunión entre los líderes del barrio en el salón Infierno para articular los mecanismos de acción y defensa, tanto para cobrar venganza como para prevenir que se repitiera la acción. Así mismo, era imperante frenar el acecho y avance de ese cártel hacia el interior de la Morelos.

A aquella reunión asistirían por parte de los

calavera Juan Tostado, el Guerrero y el Alucín. Por parte de los molachos, el Lurias y su mano derecha, el Matador. Al frente de los calabazos hicieron acto de presencia el Vilchis y el Picos, un chicano recién deportado de los Estados Unidos quien había sido dirigente de una peligrosa clica llamada la Mexican Rage, rival de los Mara Salvatrucha, y se proyectaba como uno de los elementos más destacados del barrio. También asistieron los santeros, el Príncipe y un babalao conocido como el Blanco también recién llegado, pero este de la Habana. La Morena, lideresa de las prostitutas de la Morelos, también acudió a la cita. El ambiente era lúgubre. Sin embargo, la tensión subió de tono al momento que los cholos llegaron y el Vilchis observó a lo lejos que Juan Tostado se encontraba en el lugar. Rápidamente tomó su arma, pero esta acción fue observada por la Morena, que estaba a pocos metros del cholo y le dijo:

—Hola, mi Vilchis. ¿Apoco vas a armar desmadre? Si se supone que estamos aquí por una tregua y para cobrar la sangre de nuestra gente, no para plomearnos entre nosotros.

—No te metas, Morena, este no es tu asunto. Yo vengo por el puto del Juan.

—Ya lo sé, guapo, pero no me gustaría otro derramamiento de sangre, y menos por cómo están ahorita las cosas entre la gente. Hay muchas heridas. No desates otra carnicería, no ahora.

—Este hijo de puta me la debe, tú lo sabes, Morena. La bronca no es con nadie más que él…

Juan Tostado logró ver que Vilchis platicaba mientras lo miraba fijamente, notó la posición de su mano en el arma y, de forma repentina, se levantó de su asiento, sacó su arma y la azotó sobre la mesa mientras los demás lo miraban con cierto asombro y resignación. Caminó con determinación hasta donde estaba el cholo con la meretriz, sin que ambos se dejaran de mirar fijamente a los ojos. Al llegar a un par de metros de distancia, con voz firme y estoica le dijo:

—¡Qué pasó, mi chingón! ¿Apoco sí me vas a matar así, en seco? Yo pensé que el momento de cuadrarnos sería con más estilo y huevos, mi Vilchis. ¿O así lo vas a querer resolver? Me extraña de ti.

—Pues yo no vivo para darte gusto ni a ti ni a nadie, puto, y pues sí, nada me costaría meterte un balazo en la face, culero.

—Ándele, cabrón, no se quede con las ganas. Yo ni las manos voy a meter, y no por puto sino porque andamos de luto y me interesa más vengar a mi sangre y encontrar a mi carnala que agarrarme a plomazos contigo. No porque le barra, sino porque tengo prioridades. Ya luego tendré tiempo para atenderte y reventarnos la madre. Pero insisto, si tú lo quieres arreglar aquí y ahora, pues date gallo, atiéndete.

Vilchis miraba fijamente a Juan mientras este decía todas sus razones para postergar el encuentro. No soltaba su arma. Sin embargo, sus dedos se fueron aflojando, sus latidos comenzaron a disminuir y su cerebro se fue relajando. La Morena lo tomó de los hombros tratando de calmarlo y le susurró al oído:

—¿Ves, lindo? Ya tendrás tu oportunidad otro día. El Juan no se va a rajar, pero ahorita pongamos todo nuestro esmero en chingar a esos matones y encontrar a las morras.

Tras varios minutos de haber mirado con detenimiento y rencor a Juan, el Vilchis volteó la mirada hacia la Morena, la tomó del cuello y le dio un intenso beso en la boca. Acto seguido, volvió su rostro y, mirando nuevamente a Juan, le dijo:

—Está bueno, putito. Tendremos tregua en lo que chingamos a esos pinches alfas, pero tú y yo seguimos debiéndonos algo y lo vamos a arreglar. Me cae de madres que nos vamos a cobrar las que nos traemos, ese.

—Me parece bien, cholo. Yo no tengo pedos. Sé lo que te debo y tampoco se me olvida lo que me debes: hay tregua, no paz.

Juan se dio media vuelta y regresó a su sitio sentado junto al Guerrero. Todos en el lugar respiraron de tranquilidad al saber que no habría un enfrentamiento en ese momento, pero estaba más que claro que ambos eran una bomba de tiempo. Sin embargo, la tregua tendría que ser aprovechada.

Ya con un ambiente de mayor parsimonia, tomó la palabra el Guerrero:

—Bueno, barrio, es un gusto que estemos todos aquí y, sobre todo, que tengamos bien claro el rumbo que debemos seguir. Esos hijos de puta nos la deben pagar bien cara. Nos humillaron, nos pisotearon, pero sobre todo tocaron lo más sagrado que tenemos: a nuestras familias. Se las debemos devolver a los cabrones.

—Lo que hicieron esas bestias no tiene nombre y lo deben pagar —continuó el Príncipe—. Nosotros siempre tratamos de ser hombres de bien y buscar lo mejor para todos, pero estos subhumanos no merecen piedad, y tengan todos ustedes por seguro que todo nuestro apoyo es para ustedes. Lo que necesiten de los santos y de nuestra parte está a su disposición.

—Los molachos estamos listos para dejar todo por el barrio y para vengar cada gota derramada de nuestra gente —prosiguió el Lurias—. Estamos listos para morir. Sabemos que esos animales están perros y que son matones profesionales, pero no le barremos. Acá hay hartos huevos y nos vamos a cuadrar como venga.

—Exacto, homs —tomó la palabra el Vilchis—. Como todos ustedes lo han dejado claro, esto ya valió madres. La deben pagar esos perros. Pero la cuestión es: ¿cómo le vamos a hacer para torcerlos? ¿Cómo nos repartimos el trenzón? Esos weyes son un chingo y están por toda la ciudad y prácticamente por todo el país. ¿Por dónde comenzamos, sobre quién vamos?

La Morena interrumpió al cholo:

—Aquí el Vilchis tiene razón. Yo creo que primero debemos identificar bien a las cabezas, sobre todo a los que están asediando al barrio y a los que andan en el negocio de la trata. Yo y mis muchachas podemos irnos infiltrando poco a poco hasta dar con los que mueven el asunto de ese lado, aunque creo que ahí el mero es el Chivo y ya tenemos ubicados algunos lugares en la costa del Golfo. Al parecer se las llevaron ahí. Hace poco nos comunicamos con la hermana del Juan que anda por allá, al menos en ese momento.

—Yo propongo que nos dividamos en tres grupos. —Juan Tostado tomó la palabra—. Unos que se rifen a defender el barrio y evitar que estos pinches sicarios avancen y se apoderen de plazas; otro grupo que se dedique a cazar a las cabezas y a seguirle la pista al Barrabás y otros jefes; y un tercer grupo, en el cual me gustaría participar, que se dé a la tarea de rastrear a los tratantes, buscar al Chivo y encontrar a las mujeres secuestradas, entre ellas mi carnalita.

—A mí me parece buena estrategia esta que plantea Juan —dijo el Guerrero—. Yo creo que así podemos funcionar mejor, cubrir varios puntos estratégicos y, lo más importante, no descuidar el barrio. La gente nos necesita como nunca antes.

—Es buena propuesta —asintió el Príncipe—. Pues dinos, Guerrero, ¿cuál sería la mejor forma de organizarnos?

—A mi parecer es buena idea que el Juan esté frente al escuadrón que vaya por el Chivo y las chicas. Ahí puede llevarse a varios de los calavera y trabajar en conjunto con la Morena. Creo que el Vilchis con los calabazos se pueden encargar de buscar a las cabezas cerca del barrio. El Alucín les puede echar la mano con los espías de los Xolalpa, que saben bien cómo se mueven los otros cárteles, y considero que nadie está más capacitado para defender el barrio que la más antaña de las pandillas: los molachos. Son la esencia de la Morelos, ellos pueden encabezar la defensa de la mano con los santeros y yo puedo apoyarles en esa empresa. No sé qué opinen los demás.

—Me parece bien —contestó Vilchis—. Nosotros les traemos hartas ganas a esos cabrones y ya me ando saboreando el topón. Pues tú dirás, mi Alucín, cómo le damos y pa' donde nos movemos.

—Los demás ¿cómo la ven?

—Será un honor defender nuestra casa, Guerrero —dijo el Lurias—, y será un honor pelear junto a ti, a quien yo considero el más honorable y cabrón de todo el barrio. Los molachos estamos listos y con los huevos bien puestos.

—Como lo indiqué —completó el Príncipe—, lo que haga falta en el sentido que sea, desde lo económico, lo espiritual y hasta lo metafísico corre por nuestra cuenta. ¡Vamos a cazar caníbales!

—Entonces ¿así le hacemos, Juan? —preguntó el Guerrero.

—A huevo que sí, Guerrero. Vamos tendidos sobre esos chacales. Yo me pongo de acuerdo con la Morenaza y por todos los santos que los vamos a encontrar y les vamos a volar la cabeza. Por mi jefecita se los juro.

—Bueno, barrio, pues parece que ya todos estamos de acuerdo con la jugada. Solo queda desearles éxito a todos. Serán unas semanas muy cabronas y complicadas, pero si le ponemos corazón y huevos, esos culeros pronto estarán en nuestras manos y nuestra gente habrá sido vengada. Sé que esto no nos devolverá a nuestra raza, pero por lo menos les haremos pagar a esos mal nacidos por lo que hicieron. Venga, mis cabrones, ¡salud!

Todos levantaron sus tragos y brindaron. La cacería estaba por comenzar…

2.
LAS CONVENCIONES PANDILLERAS

Simultáneamente a la organización de las pandillas de la Morelos, el cártel de los alfas incrementaba su poderío en todo el país basándose en una estrategia de sembrar terror en sus rivales, las autoridades y la gente. Sus tácticas ya eran conocidas: las extorsiones, ejecuciones, secuestros, narcomensajes y violencia generalizada por todos los sitios donde se paraban se potenciarían con una nueva alianza que este cártel había comenzado a forjar a finales del año 2000. Un verdadero escuadrón de la muerte se estaba configurando cuando el líder de los alfas, el Barrabás, decidió alinear entre sus filas a la Mara Salvatrucha, una de las pandillas más mortíferas del continente que paulatinamente se estaba afianzando en las fronteras mexicanas y comenzaba a integrarse en el negocio del narcotráfico. Para los alfas era vital esta alianza que les permitiría encarar a las distintas pandillas de México e ir ganando plazas a otros cárteles. Aunado a esto los métodos sanguinarios de ambos grupos delictivos, parecían cortados por la misma tijera e ideados por las mismas mentes misántropas. Así quedaba pactada una integración que se convertiría en el principal enemigo a vencer de los calavera y del cártel de los Xolalpa.

Fueron los mismos líderes de ambas organizaciones quienes pactaron para juntos apoderarse de todos los escenarios rurales y urbanos y convertirse en la máxima fuerza delictiva en México y, gradualmente, en el continente. Era un ambicioso y temible proyecto el que se comenzaba a configurar. El Barrabás, líder de los alfas, se reunió en la frontera norte con el León, fundador, líder histórico de la Mara Salvatrucha desde los años 80 y máximo referente de esa pandilla.

—Señor, ya estamos cerca del punto donde hay que encontrarse con el líder de los maras.

—No cabe duda que estos pinches piojosos salvadoreños son un asco. Mira que reunirnos en este pinche barrio pulgoso.

—Me parece que lo hacen para no despertar

sospechas sobre el paradero de los líderes y, según sé, para siempre generar pertenencia con el resto y con sus barrios.

—No digas pendejadas, 22. Seguro lo hacen por pura faroles. Este tal León ha de tener tanta lana como yo o como el indio Xolalpa, namás que les gusta jugarle al pobre, pinches payasos. Lástima que son una banda tan poderosa y nos conviene mucho pactar con ellos. Si no, la neta ni me acercaba a esos mugrosos.

—Ya llegamos, jefe. Aquí es el lugar.

Los alfas llegaron a una casa de apariencia humilde justo en el corazón de uno de los barrios más violentos y de peligrosa fama de la frontera norte de México. Ahí estaba el León con varios miembros de su clica esperando al jefe de los alfas, quien arribó con un gran convoy de camionetas blindadas y elementos armados hasta los dientes. A pesar de ser un encuentro «amistoso», la tensión y la desconfianza entre ambos bandos era evidente.

—Listo, León. Llegaron los alfas.

—Hazlos pasar, ese.

El Barrabás entró a la habitación donde el líder de la Mara lo esperaba sentado en una sala de piel bastante descuidada, con una mesa de centro en la que había armas, un cenicero con dos cigarrillos de marihuana y un teléfono móvil. El líder de los maras, el León, era un hombre de unos 50 años con múltiples tatuajes en todo el cuerpo y rostro que lo distinguían como uno de los más importantes en la historia. Además de los tatuajes, lucía numerosas cicatrices y un rostro acompañado de una temible mirada que hasta al más valiente le hacía sentir cierto temor.

—¡Qué onda ese, así que tú eres el mismísimo Barrabás, el jefazo de los alfas! Chingá, nunca pensé conocerte en vivo y a todo color, cabrón. ¡He escuchado mucho de vos!

—Así es, León. Yo mero soy el líder y fundador de esta bola de cabrones, en eso sí nos parecemos. Pero, a diferencia tuya, yo apenas ando haciendo mi leyenda. Al parecer tú ya la tienes bien montada. En cada clica se te menciona y se te reconoce, al parecer has hecho bien tu chamba, cabrón.

—Qué te digo, man. Pues a esto nos llevó el mundo, la vida, las circunstancias, el sistema o lo que vos quieras. Nosotros somos una consecuencia del mundo de mierda en el que vivimos, y lo único que hacemos es defender nuestro culo de quien nos quiera coger y, si se puede, cogemos primero. Así funciona la Mara.

—¡Qué pinche poético eres, León! No esperaba menos de un marero. ¡Ja, ja, ja!

—Aunque te burles, pinche milico, nuestra poesía son los chingadazos, los plomazos, los fierrazos. No tenemos tiempo para otras pendejadas. Y, por cierto, ustedes tampoco son muy ilustres que digamos, cabrón, son pinches soldados.

—Bueno ya pues, no vinimos a platicar de escuela. Vinimos a hacer negocios. Nosotros queremos alinearlos, necesitamos un brazo armado que nos ayude a penetrar en los barrios y sé muy bien que para eso ustedes son mucho más chingones que otros pandilleritos. Ustedes son profesionales.

—Ahí sí estamos de acuerdo con vos. Pero ¿qué tipo de alianza quieren formar? ¿Cuánto vamos a recibir de las ganancias? ¿Qué parte de la chamba nos toca?

—Nosotros tenemos controlado todo el este y sureste de México en producción, tráfico, venta de drogas, tráfico de armas, trata de personas, secuestros y proxenetismo. Sin embargo, como seguro ya lo sabes, esos cabrones de los Xolalpa aún siguen controlando el resto del país y, sobre todo ahorita, tenemos la gran disputa por entrar de lleno y apoderarnos de la capital para abrirnos el paso al resto de la República. Sin embargo, hemos encontrado mucha resistencia, sobre todo en los barrios más populares del centro y periferia de la capital, y es ahí donde necesitamos que ustedes con su experiencia en ese sector entren de lleno y arrasemos con esos weyes para apoderarnos de las plazas, obviamente con todos los recursos que en ellas se generan.

—Me queda claro, man, pero ¿cómo nos vamos a repartir la chamba y las ganancias? Porque según sé, los Xolalpa tienen bien meneados a varios barrios de allá y seguramente si hay topón los van a apoyar con armas y hasta gente. Así que, pues no se trata solo de pandillas, ya está de por medio otro cártel.

—Simón, mi León, vamos juntos en esto. Entre ambos grupos les partimos la madre: nosotros nos encargamos de los Xolalpa y ustedes vayan sobre las pandillas, eso es más su estilo. Y en cuestión de ganancias, pues nosotros nos encargamos de drogas, armas y secuestros y ustedes de la prostitución y las rentas. ¿Cómo la ves? Está chido el negocio, ¿no?

—Mmm, sí. Creo que es buena oferta, Barrabás. Pues tenemos un trato. ¿Cuándo comenzamos y sobre quien hay que comenzar?

—Hay que trazar bien las estrategias. Acuérdate que yo soy exmilico y no me gusta andar a lo pendejo, pero creo que van a comenzar por los barrios del centro, que son los más antaños y donde se puede mover mejor la merca. En particular necesitamos tomar el barrio de la Morelos.

—A huevo, pero ahí hay un chingo de pandillas. Hasta cholos se mueven por ahí. Varios cabrones deportados han ido a parar a ese barrio y son viejos rivales nuestros. Además están otros que son ya una leyenda, como los molachos. Conocí a uno de sus fundadores en la cana gabacha. Son macizos, y también he escuchado de los calavera que han venido creciendo en últimas fechas.

—Qué bien que andes al día, mi León. Pues sí, justo a esos te vas a enfrentar, así que ya sabes sobre quién y sobre qué vas. Por armas y recursos no te preocupes, aquí hay de sobra. Solamente no quiero fallas, no quiero pretextos y no quiero pendejadas. Hazme una lista de todo lo que necesiten, se la dejas al 22 y estamos en contacto. Allá necesito que te pongas a la línea con un wey que le dicen el Chivo. Es jefe de policía en el sector de la Morelos y ese cabrón te va a apoyar también con lo que necesiten. También tenemos la vara alta con otros altos cargos del gobierno que ya luego te contaré. Entonces pues, en eso quedamos, mi León.

—Ok man, muy bien Barrabás, me late tu desmadre. Así quedamos y así lo hacemos. Sobre la pinche madre de esos putos chilangos, vamos a controlar a la Morelos, vamos a tomar la ciudad y vamos a apoderarnos del país…

3.
DOMANDO AL TORO

En los últimos días del año 2000 se comenzaron a organizar las comitivas de la Morelos para la búsqueda de las chicas del barrio y de los responsables. Se dividieron tal como se había acordado: unos atrincherados en el barrio y otros conformando las misiones de búsqueda. Juan Tostado, junto con sus inseparables Matehuala y Camello, comenzó la búsqueda de su hermana y otras mujeres. Para ese fin, primero debían identificar a aquellos que estuvieran detrás de la trata. Sabían de la existencia del Toro, un proxeneta ligado con los alfas que trabajaba en las zonas más acaudaladas y exclusivas de la ciudad de México y controlaba varios prostíbulos. Además era imperante dar con el Chivo y tratar de construir un mapa de las redes que los condujera al paradero de las secuestradas. Y así comenzó la búsqueda.

—Juan, ya están listas las fuscas y los cuernos que nos mandaron los Xolalpa, y también la banda y las ranflas. Tú dices a qué hora nos movemos para Polanco. Ya tenemos bien ubicados todos los negocios del tal Toro.

—Bien Matehuala, pues que se arme bien toda la banda y ahorita mismo nos jalamos. Dile al Camello que se traiga la troca y ustedes dos se jalan conmigo. Vamos por ese hijo de la chingada.

Un grupo de unos veinte miembros de los calavera se dirigieron a varios de los prostíbulos para tratar de ubicar a alguna de las desaparecidas y dar con el Toro. Visitaron las colonias Juárez, Roma, Condesa y, finalmente, llegaron a Polanco, donde se encontraban los lugares de primera línea a los cuales solo acudían los políticos, artistas, empresarios y deportistas famosos, lugares llenos de excentricidades y todas las modalidades de prostitución: mujeres de todas partes del mundo y de todas las edades, desde menores de edad hasta mujeres hechas y derechas, transexuales y homosexuales activos, para todos los gustos, drogas de todo tipo y de las más caras y exclusivas del mercado, un edén del hedonismo, una sucursal del palacio de Baco. A esos lugares únicamente se puede acceder con membresía y son tan privados que funcionan dentro de penthouses en edificios de lujo. A pesar de la dificultad de ingreso, los calavera consiguieron entrar mediante algunos contactos de los Xolalpa. Juan Tostado y el Camello fueron apadrinados por uno de los líderes de los Xolalpa, quien les abrió el acceso con algunas llamadas.

—Qué onda, wey. ¿Ya podemos pasar?

—Pues ya, están muy bien apadrinados, chavales. No sé cómo lo hicieron, pero uno de los mejores clientes nos dijo que podían entrar y cargar todo a su cuenta privada, así que órale pásenle y sírvanse como dioses.

—Vale chido, carnal. Oye, una preguntota.

—Sí, dime.

—¿Tú sabes si hoy vino el Toro?

—Chavos, esa información yo no lo puedo dar. Nuestros clientes pagan importantes sumas de dinero por la privacidad y discreción en sus visitas. Si yo revelo esa información, no solo me pueden despedir, incluso podría terminar muerto por hablar de más.

—Está bueno pues, vamos a pasar chido, carnal.

Ambos calaveras ingresaron. Todo el personal los miraba con extrañeza, no solamente por su juventud, sino porque prácticamente todos quienes entraban ahí eran clientes conocidos y estos dos chavales jamás se había parado ahí. Eso de inmediato despertó suspicacias y algunas sospechas. El gerente del lugar ordenó al personal de seguridad estar muy atentos, pues ante la importancia de las personalidades que se encontraban en el lugar había que extremar la seguridad. El propio gerente ordenó se les observara muy sigilosamente a ambos jóvenes y se revisara meticulosamente su vehículo y la ruta por la que habían llegado.

—Buenas noches, jóvenes. Nuevos por aquí, ¿cierto? ¿Qué van a tomar? ¿O prefieren alguna sustancia en especial?

—A mí tráigame un coñac en las rocas y medio gramo de la más pura —contestó Juan.

—Perfecto, joven. ¿Y para usted?

—Lo mismo que mi amigo, sin el perico —respondió el Camello.

—Inmediatamente. En un momento les traigo los catálogos de acompañantes para que me indiquen qué les gustaría.

—Sí wey, tú tráetelo —le respondió Juan nuevamente—. ¿Tienes algunas chicas nuevas, mexicanas? De preferencia jóvenes.

—Mmm… Déjeme pensar, joven. No, aquí hay casi pura extranjera. Las mexicanas están en lugares de un poco menos nivel.

—¿Y me puedes recomendar alguno? Pero sabes, yo estoy un poco torcido y soy medio depravado. A mí, la neta, lo que me gustan son las viejas que están prostituyéndose a huevo, las que no lo disfrutan. De hecho, eso me prende. Ya he violado a varias, pero ahorita traigo el trip de chingarme unas de esas que secuestran y ponen a trabajar a huevo. Me contaron que un wey que le dicen el Toro es el mero chingón para conseguir esas carnes. ¿Cómo lo topo?

—Mmm… Sí, joven, sí hay algunas, pero le repito son extranjeras. Hay varias traídas de Europa del Este, del Caribe, de Asia, Centro y Sudamérica, pero mexicanas no. ¿Gusta ver a algunas en el catálogo?

—¡Chale, wey! Yo quiero una de barrio, pero con acento chilango. A mí eso es lo que me prende, no importa el precio. ¿Dónde las consigo? ¿Dónde tiene sus morras el Toro?

—Pues no lo sé bien, joven, pero se lo puedo investigar. Solamente que, pues eso genera ciertos gastos. Usted ya sabe cómo es esto.

—Cabrón, no andes con mamadas. A ver, Camello, dale diez mil baros a este wey para que le fluya la información.

El Camello sacó varios billetes de una bolsa de piel que llevaba consigo y lentamente los metió en el bolsillo del saco del mesero. Mientras hacía esto, Juan repetía:

—Vamos entendiéndonos, valedor. Yo ando bien pesado en el cartel de los Xolalpa y muevo el barrio de la Morelos. Yo sé que este changarro es de los alfas y que tu jefe es el Toro, pero vamos a hacer las cosas por las buenas. Tú aceptas la plata, me das la información que necesito y nadie se entera de nada; de lo contrario, yo te espero a que salgas de tu chamba, te vuelo la cabeza y se la envío a tu familia en una cajita de regalo. Así que, ¿cómo ves? ¿Hacemos trato en buen pedo o nos morimos todos?

—Pero joven, si alguien aquí se entera, los que me van a matar son los alfas. No me ponga en ese entredicho, por favor. Yo solo estoy trabajando.

—Pues ya te lo dije, cabrón. Tú decides si te vas esta noche con una buena lana y con tu vida directito a casa. Ya te dije que nadie se va a enterar. Por el contrario, si no me dices te voy a matar, cabrón, y créeme que no bromeo. A mí me vale madres todo.

—Ok, con calma. Yo les daré la información del Toro. Les anotaré los lugares que frecuenta, mas pues la información sobre el paradero de las chicas yo no la tengo, pero una vez que encuentren al Toro seguramente ahí tendrán sus respuestas.

—Órale pues, cabrón, de volada porque traemos prisa.

—Sí, joven, en un momento vuelvo.

El mesero tardó menos de cinco minutos cuando ya estaba de vuelta con un pedazo de papel con el nombre de varios lugares anotados. Eran los sitios más asiduos donde se encontraría el proxeneta de los alfas llamado el Toro, quien muy probablemente había participado en el secuestro de la hermana de Juan. Eso ponía a Juan Tostado cada vez más cerca de su objetivo.

—Bueno, ya tenemos estos lugares, Camello. Vámonos a la chingada de aquí y a buscar a ese wey del Toro.

—Vámonos, Juan.

Ambos calavera terminaron rápidamente sus tragos y salieron de aquel lugar con dirección a distintos lugares de la ciudad donde pudiesen dar con el paradero de aquel personaje. Después de haber visitado un par de sitios sin mucha suerte, llegaron al último lugar a las afueras de la ciudad. Era un after muy clandestino, pero al cual acudían personas muy adineradas. Entraron los dos calavera dejando a su retaguardia a los demás. Al ingresar se notaba que muchas de las personas presentes, quienes por cierto lucían sumamente intoxicados, estaban muy bien resguardados por su personal de seguridad, y la mayoría tenían pinta de empresarios o juniors. Muy pocos «olían» a miembros de algún cártel. Sin embargo, Juan Tostado y el Camello habían desarrollado cierta habilidad para identificar a un «colega» dentro de las multitudes, y fue así como, entre los clientes de aquel lugar, miraron fijamente a un grupo de individuos que no parecían del mismo fenotipo ni de los mismos niveles sociales del resto. Eran un sector que, si bien estaba finamente vestido, su fenotipo, sus gestos y sus movimientos los delataban como ajenos.

—Mira, Camello, ¿cómo ves a esos ñeros? Luego se ve que no encajan. A mí se me hace que son esos wey.

—Simón Juan, la neta a mí también me da esa espina. ¿Cómo ves de una vez nos abalanzamos?

—No, wey. Vamos afuera a esperar que estos putos salgan y armamos el desmadre. No se nos pueden ir.

—Vale, Juan. Mira, tú salte y yo me quedo a vigilarlos. En cuanto ya vayan de salida los sigo y te aviso para que organices la fiesta.

—Cámara carnal, así le hacemos. Ponte trucha, no te vayan a madrugar estos culeros.

Juan salió del after y organizó a los calavera que aguardaban afuera. Los distribuyó en puntos cercanos para que emboscaran a los presuntos alfas en una acción rápida, pero precisa. Esperaría la señal del Camello para pillarlos por sorpresa y tomar preso al Toro.

—Juan, ya van de salida. Ponte chingón, van siete y seguro afuera los esperan más. No se ve qué armas traigan, pero seguro traen buenos cuetes, así que bien trucha, carnal.

—Simón Camello, aquí los voy a torcer.

El grupo de mafiosos abordaron dos camionetas

que iban escoltadas por otra más. Parecían muy confiados, al no sentirse seguidos y saberse en sus territorios. Por algunos metros y a cierta distancia, fueron seguidos por los calavera, que esperaron a que se alejaran de su zona de seguridad y, en un cruce inesperado, los calavera cerraron el paso de la camioneta del frente y a las otras las interceptaron a balazos. Los tripulantes respondieron como pudieron al ataque de los calavera, pero el factor sorpresa y la rapidez con la que actuaron Juan y sus aliados les permitió tomar prisioneros a los tripulantes de la camioneta del Toro con él incluido y huir a toda velocidad hacia la Morelos, mientras un auto con tres miembros más de los calavera les cubrían las espaldas, evitando que las otras camionetas les siguieran.

En menos de treinta minutos arribaron a una de las bodegas de los calavera en la Morelos, a la cual entraron con el vehículo en el que viajaba Juan con los hombres levantados. Al llegar, los bajaron con empujones y los amarraron con cadenas a sillas mientras los bañaban en alcohol y los golpeaban brutalmente. Eran cuatro sujetos con aspecto de militares, uno de ellos de aproximadamente cuarenta años, unos dos metros de estatura y complexión robusta, corte militar y varias cicatrices en el rostro y el cuerpo. No había duda que se trataba del Toro. Juan se dirigió a él con voz firme y un bóxer en su mano derecha que parecía ansiosa de descargar su fuerza sobre el individuo.

—Así que tú eres el Toro, ¿verdad, hijo de la chingada? Conque te sientes muy cabrón levantando gente, ¿verdad, culero?

El Toro le contestó:

—Chingas a tu madre. ¿Quiénes son ustedes, qué chingados quieren?

—Mira, pendejo, en primera a mí me hablas con respeto, porque aquí es mi barrio y aquí yo mando.

Mientras Juan decía eso con un evidente tono de furia, soltó los tres primeros golpes con el bóxer justo en el rostro del Toro, abriéndole dos nuevas cicatrices. Ambos golpes lo dejaron prácticamente noqueado. Juan se alejó del Toro, dirigiéndose a una de las orillas a inhalar tres líneas de cocaína. Después de eso, volvió y lanzó otros tres golpes con más fuerza, tirándole un par de dientes al Toro mientras su cabeza se movía como un péndulo, ya sin mucha reacción. Juan le levantó el rostro ensangrentado y le dijo con voz desafiante:

—Tienes una sola opción, pedazo de mierda. O me dices donde está mi carnalita o te mato a putazos y de paso mato a toda tu familia.

Con las pocas fuerzas que le quedaban el Toro dijo:

—No sé quién es tu hermana, pendejo. Estás loco.

Juan tomó del cabello al hombre y, con una de sus llaves, le sacó uno de los ojos mientras todos los presentes hacían muecas de impresión y desagrado. A pesar de estar muy golpeado, el grito de dolor del hombre fue tal que hasta sus acompañantes que miraban la escena pidieron piedad a Juan. Este se volteó y les dijo:

—A ver si así aprenden, hijos de la chingada, y si este cabrón no me dice lo que le estoy preguntando lo voy a torturar sin matarlo hasta que me canse, y después voy a seguir con cada uno de ustedes, y créanme que con lo drogado que ando tengo fuerzas para rato. Así que más les vale no jugarle al chingón. A ver, mi Toro, ¿ahora sí me vas a contestar?

—No mames, morro. Ya párale, ya me dejaste tuerto, ya me madreaste toda la cara, ya te dije que no sé nada de lo que me estás preguntando.

—Bueno, cabrón, yo no le paro hasta que tú quieras.

Juan sacó una enorme navaja de su bolsillo y la encajó en los testículos del Toro. El hombre no pudo siquiera gritar pues el dolor fue tal que se quedó sin voz. Únicamente quedó como marioneta casi sin vida y jalando aire como podía.

—¿Ya con eso o le seguimos, mi Toro? —le dijo Juan

—Ya estuvo —contestó uno de los acompañantes—. Ya mátalo mejor.

Juan se dirigió a él y le preguntó:

—Bueno, entonces tú me vas a decir por él, ¿verdad? ¿O también a ti te pico los huevos?

—No, wey. Ya párale. Yo te voy a decir lo que quieras, pero ya ten piedad, no mames.

—¡Ja, ja, ja! Ahora resulta que los más hijos de puta sádicos piden piedad. Bueno, pues dime: ¿dónde llevaron a las morras? ¿Dónde está mi carnala? O le sigo contigo.

—Me imagino que hablas de las levantadas hace una semana en el centro, ¿cierto?

—Simón, de esas meras. Por ahí me dijo un pajarito que andan en el Golfo, pero quiero detalles, lugares, nombres. No quiero mamadas, cabrón.

—Ok. Mira, pueden estar en Veracruz, en Altamira o quizá en el Gabacho, todo depende. A las más guapas las llevan a Texas o más lejos. Incluso algunas hasta van a parar a Europa o Asia, depende que tan cotizadas sean. Las demás se quedan en alguno de los estados. Comienza por buscar en Veracruz, ahí hay tres lugares. Y, si no, en Altamira.

—Tú no has entendido nada, ¿verdad, pendejo? Ustedes no se van de aquí hasta que no me digan justo en dónde está mi carnala. No voy a estar como pendejo buscando, ¿me entiendes? Llama a quien tengas que llamar. ¡Órale, pendejo!

Juan sacó su teléfono móvil y se lo aventó al hombre en cuestión, quien fue desatado para que marcara.

—Está bien, pásame el teléfono del Toro. Ahí están todos los contactos de allá.

Juan sacó de la chamarra del moribundo Toro un teléfono que pasó al otro sujeto, quien comenzó a consultar y marcar números hasta que, finalmente, se comunicó con una mujer. Al parecer, la muñeca fue la que en la última llamada de Juan y Carmelita estaba a su cargo. Al colgar, el miembro de los alfas le dijo a Juan:

—Cabrón, se tienen que apurar. A tu carnala se la van a llevar en un par de horas al Gabacho. Dicen que es una de las más solicitadas y ya la tiene pedida unos gringos. El lugar se llama El Barbarroja, está en Altamira y el encargado es un cabrón que le dicen el Vaquero. Váyanse en chinga o no los van a alcanzar. A las morras se las llevan en avionetas, así que no sé si las trasladen hoy o mañana.

Juan agarró su teléfono, memorizó los datos y les dijo a sus hombres:

—Órale, cabrones. Ya escucharon en putiza. Vámonos a la pista aérea de los Xolalpa en Tecamac. Vénganse conmigo Matehuala y otros cinco.

Uno de los calavera preguntó:

—¿Y a estos qué les hacemos, Juan?

—Préndanles fuego y tiren lo que quede en el canal de aguas puercas.

—No mames, Juan. ¿Neta?

—¿Te parece que estoy jugando, pendejo? Hagan lo que digo y, si me entero que no fue así, a ustedes los voy a quemar. Órale, hijos de la chingada, estamos en guerra...

4.
EL TESORO DE JUAN TOSTADO

Un comando de siete de los calavera se dirigió a una pista aérea clandestina que el cártel de los Xolalpa tenía en el Estado de México. Ahí Juan solicitó que lo trasladaran a Tamaulipas. Todos los integrantes de los Xolalpa sabían perfectamente que los requerimientos de Juan Tostado se debían cumplir al pie de la letra, esa había sido la orden del indio antes de partir a Cuba. De forma que se preparó la aeronave que los llevaría e incluso el cártel también les proporcionaría hombres, pues los estados de la franja del golfo estaban en manos de los alfas y sería muy complicado para los calavera poder resultar victoriosos sin la ayuda y fuerza de otra organización. Así, en cuestión de horas, ya estaban a unos cuantos kilómetros del puerto de Altamira, donde presuntamente se encontraba Carmelita Tostado.

Al llegar en las primeras horas de la mañana, se separaron en tres grupos para interceptar los tres prostíbulos de los alfas en el lugar. Tomaron camionetas que los trasladaron rápidamente. Juan iría al Barbarroja, el cual había sido señalado como el lugar más probable en el que podía estar su hermana. Al llegar al lugar, este continuaba en actividades con algunos de los trasnochados de fiesta prolongada. En la fachada daba la imagen de estar cerrado. Afuera solamente estaban los guaruras de algunos de los clientes y tres personas del personal de seguridad del lugar. Juan Tostado llegó con unos seis elementos fuertemente armados y entrenados por el cártel de los Xolalpa. Juan les indicó:

—Cabrones, ya estamos aquí. Estoy seguro que mi carnalita está ahí adentro. No podemos fallar. Necesitamos que esta operación sea perfecta. Vamos a hacer lo siguiente: dos de ustedes van y abren fuego contra los guarros y la seguridad del lugar, uno más tumba la puerta con el lanzamisiles y después entramos sin dejar salir a nadie, y menos a las chicas. Vamos a disparar contra cuanto cabrón se nos ponga en resistencia. Uno se queda afuera para manejar en chinga cuando salgamos y para cuidarnos las espaldas,

¿entendido?

—Sí, Juan —contestaron todos mientras se colocaban sus chalecos antibalas y sus pasamontañas.

—Pues órale. ¡Vámonos a la chingada!

Los planes se dieron como Juan los indicó. Tras ejecutar a los hombres que se encontraban afuera del Barbarroja, se tiró la cortina de acero y Juan, con tres hombres más, procedió a entrar. Había un aproximado de cuarenta personas entre clientes y empleados, algunos en la sala principal y otros en salas privadas. Al entrar, rápidamente Juan gritó:

—Ya valió madres. Todos levanten las manos, cabrones, y se me ponen contra la pared. —Juan envió a uno de sus hombres a llevar a la sala principal a toda la gente que estuviera en otras habitaciones del establecimiento—. No quiero que nadie le juegue al héroe o los volamos a todos. A ver, ¿quién chingados es el encargado y dónde está la muñeca?

Un hombre levantó la mano y le dijo a Juan:

—Yo soy el encargado. La muñeca está en uno de los privados.

—A ver, cabrón —le dijo Juan—, entonces tú vente para acá y quiero que en este momento me traigas a Carmelita.

—No sé quién es Carmelita.

Juan le dio un golpe en el rostro con el AK-47

que sostenía y le dijo:

—No vine hasta aquí a lo pendejo. Me traes a mi hermana o te vas a arrepentir de haber nacido. Mi hermana es una morrita del DF, de las que trajeron tus patrones, los alfas. Es una niña de catorce años, infeliz. Claro que sabes quién es.

El hombre levantó el rostro y, con una voz llena de miedo, le dijo:

—Sí, ya sé quién es. Aquí la conocemos como ninfa. Está con un cliente en un privado.

Juan Tostado en ese momento se llenó de ira y disparó cuatro veces en la humanidad del encargado, se volteó a ver a uno de los meseros y le dijo:

—Tráeme a mi hermana. Tienes un minuto, y quiero al hijo de puta con el que está. Órale, cabrón.

El mesero fue directamente a uno de los privados acompañado de otro de los hombres de los Xolalpa. En menos de un minuto volvió con Carmelita Tostado, quien estaba cubierta solamente con un diminuto vestido, y un hombre de unos 60 años que solo llevaba puesto un calzón. Juan Tostado bajó su arma y rápidamente fue a abrazar a su hermana, quien hasta ese momento no lo había reconocido por el pasamontañas que llevaba puesto. Al llegar a ella, se descubrió el rostro y Carmelita lo abrazó efusivamente sin evitar ni contener las lágrimas.

Se fundieron ambos hermanos en un abrazo tan intenso que el tiempo ahí se detuvo para ambos. Juan le dijo a su hermana:

—Te lo prometí, princesa. Te dije que vendría por ti y que te encontraría hasta en el mismísimo infierno. Ahora ve por las demás chicas que trajeron contigo y se suben a una Montero negra que está afuera. Ahorita las alcanzamos.

—Sí, Juan. Voy rápido por ellas.

Juan envió a uno de los hombres a escoltarlas. Fijó su mirada sobre el hombre que había estado con su hermana y le dijo:

—A ver tú, viejo pederasta hijo de tu reputa madre, ¿sabes qué edad tiene esa chavita? ¡Ja! Qué pregunto. Pues sí, ustedes las piden menores y entre más jóvenes y menos usadas pagan más, ¿verdad, infeliz? Dime, ¿cuánto pagaste por ella?

El hombre no podía sostenerle la mirada a Juan y solo movía la cabeza de forma negativa.

—¡Ah! ¿No sabes hablar, pendejo? ¿Quieres que te enseñe?

—No, señor.

—¡Pues entonces contesta, puta madre! ¿Cuánto pagaste por ella?

—Dos mil dólares.

—Hijo de tu puta madre. Con weyes como tú estas niñas son cheques al portador para la mafia, maldito enfermo de mierda. Pero ¿sabes una cosa? Eso me dice que tú tienes plata. Entonces con esa plata podrás comprarte una vida mejor.

—No me mates —interrumpió el hombre—. Te doy lo que quieras. ¿Cuánto quieres? Yo soy senador del Estado. Te puedo dar lo que quieras: dinero, protección... Lo que me pidas.

—¡Ja, ja, ja! ¿Y tú crees que yo soy pendejo? Esta es tierra de los alfas. Aquí ustedes son sus aliados. Pero qué crees, se metieron con la gente equivocada. Esa morrita que te cogiste es mi hermana y yo soy Juan Tostado. Apréndete bien ese nombre y no lo olvides jamás. Soy del barrio de la Morelos y un gran amigo del indio Xolalpa, así que será la cogida más cara de tu vida y el peor error de muchos de ustedes.

Juan sacó de su pechera su CZ-75, dio dos disparos en los genitales del senador y le dijo:

—Para que aprendas a no meterte con niñas, pendejo.

El senador cayó gritando de dolor y todos los demás trataban de no ser vistos por el comando. Juan guardó su arma, apuntó con la AK-47 a toda la gente y les dijo:

—¿Quién más, hijos de la chingada, es de los alfas?

Juan dio la orden a uno de los suyos de revisar el pecho de todos los hombres, pues el cartel de los alfas tatúa con una letra alfa a sus miembros.

Fueron identificados quince miembros de los alfas, cuatro de ellos mujeres. Juan ordenó que todas las demás personas entraran a las salas privadas y únicamente los miembros de los alfas permanecieran en la sala principal.

—Bueno, señores, ustedes no son gente inocente ni gente de bien, y han de saber que, gracias a sus líderes como el Barrabás, el Toro y otros pendejos que aún no conozco, estamos en guerra. Se metieron con nosotros, con nuestra gente, con nuestras plazas, con nuestro barrio, y ustedes serán las primeras víctimas de esta guerra, aunque seguramente a sus líderes les valdrá madres lo que les hagamos. Espero que con esta lección otros de sus miembros aprendan a no meterse con nosotros. A ver, fórmenmelos en esa pared. Todos ustedes ya valieron madres.

Juan y otro de los miembros del comando dispararon a quemarropa a todos los integrantes de los alfas que estaban en aquel lugar, sin dejar a uno solo con vida. Les quitaron las armas, el dinero y salieron a toda velocidad rumbo a la camioneta que ya tenía a las chicas y el motor encendido. Todos salieron hacia la pista donde estaba el avión en el que llegaron. A llegar se reunieron con los otros calavera y demás miembros de los Xolalpa.

Juan dio indicación de que se pusiera en el avión a todas las chicas para llevarlas de vuelta al barrio y le dijo a su hermana:

—Nena, tú ya no debes regresar al barrio

conmigo. A ti te voy a enviar con un amigo a Cuba. En el barrio ya no hay nada para ti. La familia está muerta y yo no quiero que te pase nada, eres lo único y lo más valioso que tengo en la vida, eres mi tesoro. Te irás a la isla y allá vas a terminar tus estudios. Tú debes ser mejor que yo, tú debes ser una mujer de bien, una doctora, maestra, abogada, artista o lo que quieras, pero no debes vivir en esta mierda. Me imagino el infierno por el que pasaste, pero te juro por mi vida y por la memoria de nuestra jefecita que nunca jamás volverás a pasar por algo igual.

—Juan, yo quiero estar contigo —imploró Carmelita—. Ya tampoco tengo nada en la vida, solamente nos tenemos tú y yo.

—Sí, nena, pero a mí en cualquier momento me van a quebrar. He hecho tantas y debo tantas que esto no terminará bien. Tú debes sobrevivir, tú debes ser nuestro orgullo. No permitas que tanta sangre de la familia sea en vano y, sobre todo, no repitas las mismas pendejadas que yo he hecho. Allá no te faltará absolutamente nada. El indio Xolalpa es buen amigo mío y me debe la vida, además él tiene una hija a la que ama con todas sus fuerzas. Él sabe lo que significas para mí, así que no seas necia, nena, ve donde te digo y solamente preocúpate por crecer como persona y ser feliz.

—Pero Juan ¿cuándo te volveré a ver? ¿Me irás a

visitar?

—Me verás más pronto de lo que crees nena. Verás que pronto estaré por allá. ¿Confías en mí?

—Claro que confío en ti, Juan. Tú me prometiste que vendrías por mí y lo cumpliste. Yo creo en todo lo que tú me digas.

—Muy bien, hermanita. Entonces anda, yo voy de regreso pa'l barrio a entregar a estas chamacas y a seguir con esta guerra. Tengo que cobrar la muerte de nuestra jefa y hermanos. Esto apenas comienza, nena. Por eso necesito que te mantengas lejos. No olvides que te amo y que eres lo más importante para mí. Cuídate mucho, Carmelita, nos veremos pronto.

Juan y el resto de los calavera abordaron la aeronave y volaron de regreso a la Ciudad de México mientras su hermana fue trasladada al aeropuerto para tomar un vuelo a La Habana, Cuba, donde se encontraría con el indio Xolalpa.

5.
EL FANTASMA SALVATRUCHO

Al volver a la Morelos, Juan Tostado entregó a todas las niñas y mujeres secuestradas por los alfas a sus familias, quienes hicieron una gran fiesta en honor de Juan, los calavera y los Xolalpa que habían participado en la misión. A la fiesta acudieron el resto de los líderes de otras pandillas y de los calavera. En aquella reunión, Juan y el Guerrero hablaron:

—¿Cómo viste las cosas por allá, Juan? ¿Qué tan cabrones están los alfas? Aquí ha estado muy tranquilo todo. No nos hemos podido medir con ellos.

—Pues nosotros los tomamos por sorpresa, Guerrero, así que no sé mucho, pero hay que estar truchas. Van a regresar por su cambio.

—Sí, wey. Además, una de las niñas de la Morena que está de oreja en los congales de los alfas escuchó una vaina de una alianza entre los alfas y unos pinches pochos de la Mara Salvatrucha.

—No mames… ¿Los centroamericanos? He escuchado que están cabrones y que son bien sádicos. Bueno, por algo son cuates de esos pinches carniceros de los alfas.

—Pues sí, Juan. Pero si es real esa alianza, va a estar cabrón. Esos maras no son milicos, son gente de barrio como nosotros. Son aferrados y van a ser más complicados de quebrar que los alfas. ¿Tú cómo lo ves?

—Los mareros son cholos. Yo creo que en este trenzón serán de vital importancia los chavos del Vilchis y, sobre todo, el wey chicano nuevo que anda con ellos, el tal Picos. Según he escuchado, era de una clica que se daba en la madre con los maras. Yo creo que debemos ponerlos a partirse la madre y nosotros enfocarnos en los alfas y, fundamentalmente, en chingarnos ya de una vez al Chivo.

—Puede ser que tengas razón, Juan, pero no me dan buena espina esos maras. Siento que nos van a traer muchas broncas en el barrio. Debemos estar bien truchas, wey.

—Eso sí, Guerrero. Pues salud, porque las niñas ya están en sus casas y mi carnala está viva y a salvo en La Habana.

—Salud, Juan...

Los días siguientes fueron tranquilos en la Morelos. La búsqueda continuaba. No había muchos rastros de los alfas cerca del barrio. Parecían estar escondidos para contraatacar y del Chivo tampoco se sabía mucho. Fue un periodo en el que se respiraba cierta tranquilidad que se hacía cada vez más inusual en el barrio. Los calavera seguían recuperando plazas de comercio de drogas, los molachos y los calabazos vigilaban día y noche el barrio, la Morena y sus chicas seguían trabajando en los burdeles y tratando de infiltrarse entre la gente del Chivo o de los alfas, y Juan Tostado, durante esos días de paz, llevó a varios miembros de todas las pandillas, muchos de ellos muy jóvenes, a entrenar a la sierra del Ajusco, en la que se enclaustraron todas las tácticas que aprendió en Sinaloa. Estaba preparando a sus cuadros para la inminente batalla...

Paulatinamente, la Mara Salvatrucha fue introduciéndose en los barrios de Ciudad de México con la ayuda y financiamiento de los alfas. A pesar de la resistencia de muchos barrios y pandillas, su sanguinario carácter y organización los hicieron ganarse espacios y someter con éxito a sus oponentes. Avanzaron por Iztapalapa, Iztacalco y Benito Juárez, y justo en las inmediaciones de la Morelos se establecieron y comenzaron a cometer robos, golpear y asesinar a pandilleros, así como a vender drogas.

Ya en el mes de enero de 2001 se dio un sangriento enfrentamiento entre los mareros y los molachos, pues por la noche los primeros quisieron entrar a robar a uno de los mercados del barrio, pero fueron descubiertos e interceptados. La mara ingresó por la madrugada, abriendo varios locales comerciales y sacando mercancías de todo tipo. Sin embargo, cuando se disponían a huir, apareció un comando de los molachos encabezados por el Lurias. Chocaron justamente en el Eje con armas de fuego y a golpes, como es la usanza del barrio. La Mara Salvatrucha dejó bien claro que su fama no era únicamente un mito: su salvajismo y sed de sangre fueron más que claras en este enfrentamiento, en el cual eran superados en número por los molachos. Sin embargo, no solamente lograron evitar ser derrotados, sino que propinaron una escandalosa paliza a los de la Morelos, con decenas de muertos y heridos de los molachos a causa de una riña en la cual los mareros dieron cátedra de violencia.

Esta paliza fue rápidamente conocida tanto por la gente del gobierno como por las pandillas de la ciudad, quienes comenzaron a elevar sus precauciones y temores hacia los maras. En la Morelos se fueron haciendo mitos respecto al retorno de esta amenaza. Había quienes decían que la mara ya controlaba a los calavera, otros decían que ya tenía el control de toda la ciudad, otros más decían que eran agentes del gobierno que buscaban crear caos para desestabilizar, militarizar y llenar de policías toda la ciudad, y los más extremos decían que eran enviados del demonio para castigar a la Morelos por tanta sangre y muerte en los últimos meses. Además coincidía con el fin del mundo que muchos suponían en el año 2000. En fin: el temor, la desinformación y la superstición fortalecían aún más a los ya de por si fortalecidos maras.

Ante esta paranoia en la ciudad y en la Morelos, los calavera trataban de mantener la parsimonia y organizarse con las otras pandillas. A pesar de la ausencia de Juan Tostado, otros líderes como el Guerrero y el Vilchis no bajaban la guardia, y sobre todo el dirigente de los cholos mostraba un particular interés por enfrentarlos. Ambos discutieron la derrota de los molachos y el futuro ante la ausencia de un cada vez más necesario Juan Tostado.

—Entonces, ¿cómo ves el asunto, Vilchis? Al parecer, esos pinches mareros sí están bien cabrones. ¡Mira que venir a meterse al barrio y partirle la madre así, tan cabrón, a los molachos! Además, ya han sometido a otras pandillas y, según sé, cada vez son más y más. Son unas putas cucarachas, esos vatos.

—Así es, homs. No por nada esos vatos controlan en el Gabacho y los barrios de Centroamérica. Son la plaga, pero aquí van a topar con pared. La family es bien organizada y le echa huevos siempre. ¡Qué lástima que no nos toparon a nosotros! Ahí sí habría sido un trenzón y no salen vivos del barrio.

—Espero que así sea, carnal, porque cada vez se ve más complicada la situación. La esperanza que tenemos es que el Juan ponga bien chingones a los weyes que se llevó a entrenar.

—No hay falla, homs. Vamos a prepararles una sorpresita a los maras esta semana. Los vamos a torcer…

Una tarde del mes de enero, algunos miembros de la clica de la Mara Salvatrucha dirigidos por un sujeto apodado el Jordan entraron intempestivamente a una de las escuelas secundarias de la colonia Morelos. Ahí golpearon brutalmente a todo el personal, robaron el austero equipo con que contaba la escuela y tatuaron en los rostros de los estudiantes su símbolo. Esta acción era una clara provocación y una muestra de lo vulnerable que era la Morelos para ellos. Era una mofa, incluso dejaron pintadas por todos los lugares donde pasaron. En una de ellas se leía: «La Morelos es la puta de la MS».

Este hecho los indignó a todos, pero no cabe

duda que para quien caló más profundo fue para los cholos de los calabazos, pues entre las clicas siempre ha existido una particular rivalidad. Pero, sobre todo, hay un singular paradigma de lo sagrado de las calles de sus barrios que es intocable. Esta guerra se hacía cada vez más personal. El Vilchis inmediatamente organizó a su «familia» para ir tras los maras y rastrearlos por los barrios aledaños. Sin embargo, no tuvieron ninguna suerte en ello. Daba la impresión que la Mara era un fantasma que se aparecía y desaparecía a placer, asediando a la Morelos sin dar un golpe letal, simplemente desgastando emocional, psicológica y físicamente a los habitantes del barrio, y justamente por ello parecían un objetivo imposible. La mercancía de los alfas era cada vez más común en territorios cercanos y en la misma Morelos. La guerra estaba tomando una faceta poco común en la cual todos parecían aletargados ante la confusión. Se respiraba miedo, pero no aquel miedo de otras ocasiones. Este era un miedo a la incertidumbre. Por primera vez en la historia del barrio, ni siquiera el barrio confiaba en sí mismo ni se sentía seguro de sí. Era el vacío abierto por la incertidumbre del devenir.

6.
EL CORPÚSCULO DEL BARRIO

En el mes de febrero, Juan Tostado volvió al barrio con un escuadrón bastante bien entrenado e ideologizado para la defensa del barrio. Todos sus muchachos se notaban fuertes, mentalizados y, sobre todo, muchos de ellos habían alcanzado una madurez que la austeridad de la montaña y la dureza del entrenamiento les había dado. Se notaban hábiles, valientes y fuertes. Todos los miraban con sorpresa al llegar a la Morelos. Eran, sin duda alguna, la esperanza más importante del barrio. Juan y el Guerrero se encontraron en la casa de este último, quien le hizo saber la incertidumbre y lo complicado que había resultado el último mes…

—¡Qué gusto tenerte por aquí de vuelta, Juan! ¿Cómo salió todo? ¿Cómo vienen los morros?

—Pues fue un entrenamiento bien rudo, carnal, tal cual como me enseñaron los pinches sinaloenses, pero estos morros tienen muchos huevos, mucha madera. No es para menos, son del barrio y están puestos. Pero tú debes contarme: ¿cómo que no han podido cuadrar a esos pinches pochos de los maras? ¿Neta están tan cabrones?

—No es que estén cabrones, Juan. De hecho, no sabemos mucho de ellos. Los únicos que se han trenzado con ellos son los molachos, pero ni siquiera el pinche Lurias sabe qué pedo. Dice que los tomaron por sorpresa, pero a mí me resulta difícil entender que a ellos, que son los más antaños aquí, los hayan madrugado. Los calabazos los han tratado de cazar y tampoco los han torcido. Entonces necesitamos hacer algo. Lo preocupante es que no sabemos ni por dónde comenzar. ¿Tú cómo ves?

—Mira, en Sinaloa aprende uno a moverse en la montaña, a hacerse invisible para el gobierno y a picarle como abeja, leve pero preciso, y de cada piquete se va llenando de ronchas hasta que le da tal fiebre que no se puede parar. Yo me imagino que en el desierto y en los barrios gabachos y centroamericanos estos weyes actúan así, con la misma estrategia, Al final de cuentas, representan minorías y se forman a la defensiva. Aquí nos están aplicando eso, carnal.

—Seguramente sí, Juan. ¿Y cómo chingados le vamos a hacer entonces?

—Hay que tener calma, hay que ser buenos cazadores y ponerles un cuatro a los culeros esos. No hay que caer en su juego de desgaste. Yo sugiero que, mientras una banda les pone la tentación y los enfrente, otra parte haga labor de inteligencia e investigue dónde se esconden y, sobre todo, quién los está financiando directamente. A mí me da la espina que son los alfas, pero a estas alturas ya podría ser cualquiera.

—Órale va, me late. El que anda bien caliente para trenzarlos es el Vilchis. ¿Cómo ves, lo mandamos por delante?

—Simón, y yo con él.

—¿Te cae de madres? Pero si ustedes se quieren matar, wey. ¿Apoco van a ir juntos?

—Yo estoy seguro que ese cabrón es de huevos, que no se va a rajar y que va respetar la tregua que hicimos. Ya se cumplió el primer objetivo, que era recuperar a las morrillas. Ahora tenemos que limpiar el barrio de esos culeros y después terminar esa vendetta contra los alfas, y todo eso debemos hacerlo juntos. Ya vimos que solitos no podemos, así que la tregua tendrá que seguir. De mi parte no hay pedo.

—Vale, vamos a parlarlo y desde mañana comenzamos a chambear esta onda.

A la mañana siguiente, Juan y el Guerrero se

dirigieron a la calle de los calabazos a encontrarse con el Vilchis y el Picos. Ese mismo día comenzarían la estrategia, no había más tiempo que perder.

—¡Qué tranza, Vilchis! Pues ayer parlé con el Juan y llegamos a la idea de que hay que comenzar a atacar a esos cabrones, pero todos juntos. Yo sé que tú quieres rifártela solo, pero es más conveniente aprovechar las treguas y armar un solo equipo, wey.

—Está bueno, homs, y ¿cómo nos vamos a rifar?

—Los calavera y los calabazos en un solo equipo, wey. Vamos a ponerles un cuatro y a hacerles frente.

—Mmm… Vale madres, homs. ¿Estaré luchando a lado de este wey?

—No empieces, cabrón —intervino Juan—. Ya te dije la vez pasada que ya tendremos tiempo de medirnos. Ahorita aguanta, tenemos que sacar adelante este pedo.

—Yo solo cuento las horas para que llegue el momento de parirte la madre ese —contestó Vilchis—, no vaya a ser que se me salga un plomazo en tu cabeza en medio del desmadre.

—Pues ese ya es tu pedo, pinche cholo mugroso. Yo ya te canté el pedo y no se me abre culero, pero ahorita sería una pendejada disminuirnos cuando estos pinches maras los han traído de putas. Mejor ponte chingón, piénsale qué le conviene más al barrio y luego te subes a tu nube. Yo sé que sigues caliente por lo del Califas. La neta fue un error. Esos plomos eran para ti, culero. Además no eres el único que ha perdido en este desmadre. A mí me mataron a mi familia, que por tu culpa no quiso saber más de mí y por eso no pude estar con ellos para defenderlos; así que, si somos justos, estaríamos a mano y hasta me sales debiendo, culero.

—No te equivoques, putito. Tu familia te mandó a la chingada por lo que le hiciste a tu carnal. Ese wey se estaba formando chido con nosotros y por tu pinche ego todo se fue a la mierda, así que a mí no me vengas con mamadas. Tus pedos y todas las broncas que traes han sido por tu pinche afán de ser el pinche jefe, por tu ambición de dominio, por tu necedad de ser una leyenda. Tú y tus putos sueños de gran capo han matado a tu sangre. Ahora ya no tienes nada más que tu pinche orgullo, pero pronto no tendrás ni eso, loco. Yo te voy a bajar de tu nube.

—Pues ya se verá, mijo, ya se verá. Y te haré tragar cada una de tus palabras.

—¡Ja, ja, ja! Sabes que digo la verdad. Pero está bueno pues, sigamos la tregua. Es más, vamos a rifarnos juntos contra los mareros. Lo hago por el barrio y por mi sangre, pero tú y yo seguimos teniendo una cuenta pendiente, y por esta y por la sangre de mi carnal el Califas que te voy a enfierrar.

—Pues ya deja de ladrar, pinche perro, y cuando se dé el momento, nos medimos y que chingue a su madre el más pendejo.

El Guerrero los interrumpió:

—Bueno, cabrones, ya estuvo. Ya se dijeron, ya se prometieron, ya bájenle de huevos y vamos a chingarle a esto, porque mientras ustedes se rompen las medias esos pinches maras nos comen el mandado.

—Dale pues —contestó Juan—. Jálate a tu gente, cholo, agarren sus ranflas y vámonos a cazar pochos, así tengamos que ir pescando uno por uno. Así que reúne a tu gente, Vilchis, y te vemos en el eje. Lleva todos los fierros que puedas, porque se va a poner bueno el fandango.

—Ya estás ese —contestó Vilchis—, allá nos vemos. Esta la tenemos que cobrar a huevo.

Al salir de la calle de los calabozos, Juan le dijo al Guerrero:

—Dale, carnal, reúne a la banda. Yo los alcanzo allá en el eje.

—¿A dónde vas, Juan? Acuérdate que vamos todos.

—Simón, carnal, solamente necesito ir por protección. Voy en chinga y los veo como quedamos.

—Ya vas, Juan, 'tendido.

Juan Tostado se dirigió a ver al Príncipe para

consagrar a su Orisha tutelar, teniendo así la protección espiritual que sin lugar a dudas le fortalecería y daría un plus para el enfrentamiento. Al llegar con el Príncipe, este le recibió con un afectuoso abrazo y le dijo:

—Hola, Juan. Qué gusto tenerte por aquí. Te estaba esperando hace mucho.

—¿Qué tal, Príncipe? Yo también tenía ya la necesidad hace mucho de visitarte. Vengo a recibir lo mío. Vengo a rendir cuentas.

—Así es, Juan. Vamos a colocar tu conciencia en alineamiento con Shangoo. El poder de Ifá te mostrará que el alineamiento con tu destino trae bendiciones mayores, como larga vida, salud, abundancia y protección. Hoy lo iniciamos, Juan, pero debes completarlo con dos días más.

—Yo espero estar vivo para mañana, Príncipe, y si lo logro así será.

—Confiemos en los santos. Tu guardián no te dejará caer…

7.

LA CATARSIS EN LA MORELOS

Pasado el mediodía, se reunieron en el eje unos ochenta cholos de la clica de los calabazos y unos sesenta calavera, entre quienes estaban el Guerrero, Matehuala, Juan Tostado y los chicos que había entrenado en el Ajusco, todos armados y con sus vehículos listos para contraatacar. Antes de salir en búsqueda de la Mara Salvatrucha, Juan les dijo a todos los miembros del barrio lo siguiente:

—Cámara carnales, yo sé que hemos tenido diferencias irreconciliables, que pensamos muy distinto y vemos y amamos al barrio de diferentes formas, pero a final de cuentas todos vivimos en él. Algunos desde la cuna y otros por convicción, pero al final somos parte de lo mismo, al final de cuentas somos raza. Los cabrones a los que vamos a enfrentar tienen también eso bien claro. Son weyes bien unidos, con mucha pasión y entrega por su sangre, y los cabrones dejan la vida por su barrio, así que este tiro no será nada fácil y debemos estar bien truchas, pero también conscientes de que probablemente muchos de nosotros hoy no volvamos a ver el barrio. Podemos ganar si le echamos huevos, podemos perder si nos apendejamos, pero lo que no podemos hacer es abrirnos y dejarles el camino libre para que nos hagan como sus pendejos. Sé que algunos de ustedes ya se cuadraron con algunos de ellos, pero esta es la buena. No hay otro día, no hay otro tiro, hoy nos matan o los matamos. Así que a ponerle toda la coraza y todos los huevotes que tenemos los de la Morelos.

Todos subieron a los distintos vehículos, cargaron sus armas y se encomendaron a sus diferentes deidades, que iban desde orishas hasta santos y vírgenes. Así comenzaría la cacería en la cual buscarían por cada barrio a cada uno de los maras, quienes eran fáciles de identificar por sus múltiples tatuajes en el cuerpo y rostro. Lo complicado sería entrar a otros barrios sin desatar enfrentamientos que no fuesen precisamente con la mara, sino con pandillas vecinas que sentirían invadido su territorio. Se distribuyeron, pero sin alejarse mucho. Todos circundaban unos siete kilómetros a la redonda por los barrios más peligrosos y vulnerables, que era donde la mara se escondía. De pronto, uno de los autos de los calabazos logró detectar a un grupo de unos treinta mareros en la vecina colonia Jamaica, quienes se encontraban reunidos escuchando música y consumiendo drogas y alcohol en un centro deportivo que habían secuestrado desde hacía semanas.

Los calabazos pasaron sigilosamente sin ser vistos y rápidamente fueron por refuerzos de las colonias cercanas. Lograron reunir a unos cuarenta elementos, entre ellos Juan, el Guerrero, el Vilchis y el Picos. Rodearon a los maras por todas las entradas y salidas y, de manera súbita, los atacaron disparándoles a quemarropa. Solo unos cinco logaron escapar y dirigirse al escondite que se encontraba a unas cuadras, pero no fueron interceptados. La gente de la Morelos comenzó a desarmar a los caídos y, cuando se disponían a huir, llegó una comitiva de varias decenas de mareros fuertemente armados que arremetieron contra ellos. Ahora se invertían los papeles, y la gente de Juan y el Vilchis respondió con un fuego cruzado. La balacera se prolongó por varios minutos y ninguno cedía. Hubo varios muertos por ambos bandos hasta que comenzaron a terminarse las municiones de los de la Morelos…

—Juan, ya está valiendo madres, se nos están terminando los plomos y no caen los refuerzos. ¿Dónde chingados está el Matehuala?

—No sé, Guerrero. El cabrón ya tendría que estar aquí, a menos que los hayan torcido o no los hayan topado, pero por el tiempo que llevamos sin reunirnos en el punto acordado el wey debería llegar.

En medio del tiroteo, el Vilchis también se incorporó a la posición y charla de ambos calavera:

—No mamen, cabrones. Vamos a tener que pelarnos. La neta, ya nos tienen acorralados y yo veo que cada vez llegan más de estos cabrones. Hay que mover a nuestra gente y llegarle de aquí.

El Guerrero complementó:

—Yo creo que sí es lo mejor. El pedo va a ser cómo chisparnos si están por todos lados estos cabrones.

—Estos vatos tienen también gente afuera —les recordó Juan—. Y, por como veo que actúan y las concesiones que tienen en este barrio, estoy seguro que la tira está de su lado y ya se escuchan muchas torretas que se acercan, así que si no nos matan nos va a torcer la tira. Debemos ponernos las pilas, cabrones.

—La única que nos queda es pedir tregua, wey —dijo el Guerrero.

—No mames, Guerrero —interrumpió Vilchis

—. Ni madres, esto es de orgullo. No podemos doblar las manos.

—No chingues, cholo —dijo Juan—. No se trata de orgullo, se trata de sentido común. Nos va a llevar la chingada si no resolvemos esto. Vamos a perder un chingo de gente a lo pendejo. El Guerrero tiene razón, debemos pedir tregua.

—Cómo son, putos pinches calavera, ni madres —respondió Vilchis—. Los cholos somos otro pedo. Nuestro orgullo por nuestro barrio y nuestra sangre es primero. Los calabazos no vamos a doblarnos.

—No seas necio pinche, Vilchis —dijo Guerrero—. Vas a arriesgar a tu gente a lo pendejo. Además no es tu gente, es también nuestra pandilla. Todos somos la Morelos.

—Pues si ustedes van a quedarse a pedir piedad de estos animales, yo no —remachó el Vilchis.

Vilchis comenzó a agrupar a su gente y les dio la indicación de usar todo lo que tuvieran y buscaran las salidas pronto. Simultáneamente, Juan y el Guerrero dieron la señal a los calavera de esperar. Los calabazos comenzaron a buscar las salidas mientras disparaban contra los cada vez más numerosos maras, quienes respondían sin piedad, superándolos en número de hombres y de armas. Entre los múltiples disparos y hombres abatidos, un particular balazo salido de una AK de un negro hondureño de más de un metro noventa de estatura acertó directamente en la nuca del Vilchis, quien cayó muerto de forma instantánea. Aquel marero era el Jordan. Ante la muerte del Vilchis, los miembros de su clica, incluido el Picos, quedaron pasmados, y de inmediato bajaron las armas.

A unos metros de la escena estaba Juan Tostado, quien solo unos segundos después gritó con voz firme:

—¡Ya estuvo cabrones, ya estuvo!

El Jordan dirigió su mirada a Juan Tostado y le dijo con su grave voz:

—Ya estuvo, pibe, me late que se cuadren. ¡Pura pinche Mara Salvatrucha, culeros! Rápido, desarmen a estos pendejos y amárrenlos por culeros.

—Ya nos cargó la chingada, carnal —le dijo el Guerrero a Juan—. Dudo que salgamos chispados de esta. Sin pedos, hay que aguantar vara.

—No había otra, carnal —respondió Juan—. Solo esperemos que no nos maten en seco estos weyes.

El Jordan tomó por el cuello a uno de los cholos y le dijo:

—A ver vos, remedo de vato. Quiero que regreses a tu barrio y les digas a todos que la Mara Salavatrucha rifa, mueve y controla. Diles que les pusimos una putiza a las pandillas de la

Morelos y que ahora ese barrio nos pertenece. Avísales que mañana mismo se va a lanzar el Jordan a poner orden y a decirles cuáles son las nuevas reglas. Diles que chingaron a su madre por rejegos y jugarle al vivo. ¡Órale, cabrón!

8.
LA SUJECIÓN DE LOS CALAVERA

Todos los capturados fueron llevados a una inhóspita y sucia bodega en la misma colonia Jamaica. Eran aproximadamente cincuenta miembros de las pandillas de la Morelos. Fueron desarmados y desnudados, amarrados espalda con espalda. En aquella bodega unos quince maras los mantenían drogados todo el día para que no comieran. Apenas les daban agua una vez al día, y en varias ocasiones al día eran golpeados con cadenas, palos o recibían descargas eléctricas por los mareros intoxicados por cocaína. Ahí estuvieron recluidos por casi un mes, acompañados por ratas e insectos. Muchos de los cautivos enfermaban gravemente de hipotermia e infecciones, teniendo en cuenta además que algunos habían llegado heridos y no se les dio atención médica. Los gusanos y algunas ratas comenzaban a devorarlos vivos y, en correspondencia, algunos de ellos devoraban a las ratas. Inclusive ciertos pandilleros, en su desesperación, intentaron suicidarse golpeándose la cabeza contra el suelo.

Casi al concluir la tercera semana de cautiverio, se presentó en aquella bodega el Jordan junto con el Chivo, un viejo y conocido personaje de Juan y el Guerrero, custodiado por elementos de la policía fuertemente armados. El Chivo, cubriéndose la nariz y la boca con un pañuelo por el desagradable olor de la descomposición, los orines y el sudor, caminó entre las filas de pandilleros lesionados, algunos de ellos en verdadero mal estado de salud. Pasaba encima de algunos, pateaba a otros y, finalmente, encontró lo que buscaba.

Se encontró frente a frente con Juan Tostado y el Guerrero. Al verlos sometidos e indefensos, su rostro pintó una sarcástica sonrisa, prendió un cigarrillo, soltó una patada en el rostro del Guerrero, escupió a Juan Tostado y lo tomó del cabello mientras le decía:

—Ahora sí, pinche escuincle pendejo, al parecer ya todo se acomodó, ¿verdad? Aquí ya se te bajó lo gallito. Ya te diste cuenta quién manda y dónde topas con pared.

Juan no respondió absolutamente nada. Solo lo miró fijamente a los ojos.

—¡Ah! ¿Ya te tragaron la lengua las ratas, pendejo, o más bien te comieron los huevos? Porque ya no veo al pinche bravucón envalentonado de hace unos meses.

—No mames, Chivo, ya déjate de mamadas —intercedió el Guerrero—. Nos están matando aquí y quién sabe qué mamadas estén haciendo afuera ¿Qué chingados quieres? ¿La plaza? Esa ya la tienes, es obvio. No entiendo tu chingadera de venir a burlarte de nosotros.

—Mira, Guerrero —dijo el Chivo—, al chile yo contigo jamás tuve pedos. Es más, cabrón, a ti te respeto porque siempre has sido un wey de muchos huevos. Siempre fuiste leal al barrio y a la banda. Cuando el Cráneo movía, tú eras de los primeros y los últimos en saltar, y veo que sigues siendo así, aunque ahora ya estés jalando con este pendejete. Tú siempre vas a ser mi banda. La bronca es con este putito, que cada vez se siente más chingón, y con la bola de mugrosos cholos y molachos que le han hecho segunda, así que, neta, mejor no te metas, y a ti te dejaré ir vivo y, si me agarras de buenas, hasta te voy a jalar conmigo a la tira.

—No seas mamón, Chivo —respondió Guerrero—. Tú lo has dicho: mi compromiso y mi vida están con el barrio, no con la tira ni con políticos, así que mejor haz lo que tengas que hacer. Si viniste a volarnos, vas.

Juan Tostado completó:

—Simón Chivo, mátanos ahorita que puedes, porque te juro por mi jefa que si salgo vivo de ésta a ti va a ser al primer ojete que voy a volar, por dios que sí.

El Chivo volteó hacia Juan, lo volvió a tomar del cabello y conectó tres puñetazos en su rostro, dejando una herida en su ceja izquierda a causa de un anillo que portaba. Con lo débil que se encontraba Juan, esos golpes fueron suficientes para dejarlo desmayado. Se acercó a ellos el Jordan y cuestionó al Chivo:

—¿Ton´s qué, mi Chivo, los volamos ya o qué vaina? Ya está apestando mucho el lugar y no tarda en caer la bronca.

—¿Bronca de qué, pendejo? —preguntó el Chivo—. Yo soy la policía. Estamos apadrinados por el gobierno, no seas pendejo. Aquí se van a quedar hasta que se los traguen las ratas o se mueran de hambre y, una vez que se vayan muriendo, les dices a los alfas que manden manos y cabezas a sus familias, y a otros los cuelguen en el eje de la Morelos, para que así todos sepan con quién se están metiendo, se cuadren y nadie más quiera jugarle al héroe.

—¿Y por qué no mejor nos los chingamos ya? —preguntó Jordan.

—Pues porque se me da mi puta gana que sufran —respondió el Chivo—. Se me da mi puta gana que se los traguen las ratas y se me da mi puta gana que no tengan una muerte rápida. Estos ojetes se sintieron dios y ahora se los va a cargar la chingada por pendejos, no más por eso, cabrón. Y a ti más te vale obedecer, porque si no también te voy a partir la madre, ¿entendido?

—Eres un pinche sádico, Chivo —declaró Jordan—. La Mara no actúa así, pero ande, pues que se haga como ustedes quieren. A nosotros solo nos dan lo que nos prometieron y listo. Lo demás es su vaina.

—Pues entonces deja de hacer preguntas pendejas y haz lo que se te ordena, pinche macuarro, que se les contrató para seguir órdenes, no para opinar —le ordenó el Chivo.

Los siguientes días continuaron las deplorables condiciones en las que se encontraban. Inclusive nueve pandilleros ya habían fallecido, y los cuerpos fueron descuartizados y enviadas ciertas partes a los familiares como lo había indicado el Chivo. Juan, el Guerrero y el Picos continuaban luchando por sobrevivir junto con otras docenas de hombres que resistían como podían. En una de esas tardes de delirio, Juan parecía dar por hecho que era el final:

—Guerrero, ¿estás despierto, wey?

—Simón Juan, creo que aún respiro. ¿Qué pedo?

—¿Crees que este es el fin, carnal? ¿Crees que aquí ya valimos madres? Yo creo que sí, wey. Creo que nos cargó la chingada.

—No sé qué decirte, Juan. Yo creo que, en este punto en el que estamos, la cosa ya es muy particular. Así como hay banda que ya se quebró y otros que ya preferirían morirse, habemos otros como yo que todavía nos vamos a aferrar. Yo no me quiero morir aún, Juan. ¿Tú sí?

—No sé, carnal. La verdad, todos estos días he estado pensando en qué pinche sentido tiene todo esto. O sea, ¿para qué carajos me aferro a vivir? Ya no tengo nada. Mi carnalita ya está en Cuba y estoy seguro que estará bien y será una gran mujer. Mi demás familia está muerta y yo, la neta, pues no tengo como muchos objetivos. Creo que sería mejor valer madres de una vez.

—Te entiendo, compita. Yo no soy algo así como el mejor ejemplo de ser humano. Toda mi vida se la he dedicado al barrio. Me debo al él y todo lo que soy se limita a él. O sea, yo fuera de la Morelos no soy nadie, carnal, pero dentro de ella soy todo, y por ello me quedó claro que vale la pena vivir por y para nuestra casa y nuestra raza. Creo que ese sentido de pertenencia es la razón de ser de muchos de nosotros, carnal, y si aquí nos va a tocar morir, la neta, para mí será un honor, porque morimos defendiendo al barrio, así como a todos nuestros carnales caídos.

—Eres un cabrón pinche, Guerrero. Algún día me gustaría llegar a ser el cabronzote que tú eres, wey. Yo aún estoy muy pendejo. Me falta mucho por correr y a ti te sobra barrio, te sobran huevos. No sé si la voy a chispar, pero si no, quiero que sepas que es un honor morir junto a alguien como tú, wey.

—No mames, Juan. Tú eres un hijo pródigo. Tú estás destinado a grandes cosas en el barrio. Tú tienes que sobrevivir, porque tendrás que hacerte cargo del barrio cuando podamos acomodar todo este pedo. Vamos a salir de esta…

9.
LA RAZA DEL INDIO ES LA RAZA

A inicios de febrero, mientras seguían cautivos muchos de los integrantes de los calavera y los calabazos, el barrio ya estaba completamente bajo dominio de los maras y la plaza era completamente de los alfas, quienes, con base en una praxis del terror fundamentada en la extrema violencia exhibida, eran literalmente intocables. La resistencia se reducía prácticamente a los pequeños sectores de los molachos y a algunos calavera encabezados por Matehuala (quién jamás llegó al enfrentamiento de Jamaica y, por ende, pudo salir bien librado y reagrupar a la pandilla), el Camello y el Alucín, quienes tenían que permanecer prácticamente escondidos. Estos últimos decidieron echar mano del último recurso que les quedaba para poder rescatar al barrio: el indio Xolalpa.

—Wey, ya va a hacer un mes que no sabemos nada de los carnales —dijo el Camello—, y ya ves que han estado mandando partes de los cuerpos de los caídos. No quiero pensar que un día nos manden del Juan o del Guerrero. Pero con lo que tenemos no la vamos a armar, carnal. Necesitamos paro. Hay que parlar con los Xolalpa. Ya sabes que el Juan es protegido del indio. Seguro él ni sabe lo que está pasando, pero el apoyo no nos lo van a negar.

—Eso es seguro, carnalito —asintió Alucín—. Pues 'tendidos, cabrón. Me voy a poner en contacto con el Camaleón, que es quien se quedó al frente ante la huida del indio, para que nos manden gente, armas, lana y todo lo que necesitamos para salvar a nuestros carnales. Tú, mientras, organiza a los molachos y la poca banda que nos queda. Vamos por todo. Si no logramos chispar a nuestra banda, lo mejor será movernos y abandonar el barrio, cabrón.

—Eso jamás, Alucín, no mames —se negó el Camello—. Si no se puede, nos morimos en el intento.

El Alucín se comunicó ese mismo día con el Camaleón, exponiéndole todo lo ocurrido y la necesidad, tanto para la gente del barrio como para el cártel de los Xolalpa, de recuperar la plaza y rescatar a Juan y los otros. Como era evidente, y por órdenes directas del indio, (quien fue notificado de lo que acontecía con Juan Tostado), el Camaleón puso a disposición de los calavera todo lo necesario para dicha empresa, destinando recursos suficientes como para limpiar inclusive una plaza entera: armamento sofisticado, equipos de radio comunicación, dinero en efectivo, chalecos antibalas, camionetas y autos blindados serían puestos a disposición de los jefes de plaza en la Ciudad de México y de las pandillas de la Morelos.

El jefe de los Xolalpa en la Ciudad de México, conocido como el Caudillo, rápidamente movilizó unos ochenta elementos formados con el mismo entrenamiento que había recibido Juan Tostado. Se reunieron con los molachos y los calavera en el salón Infierno, donde planearon el rescate que se llevaría a cabo de forma sincronizada una vez que pudieran detectar las posibles ubicaciones de los predios en posesión de los maras. Sabían que los secuestrados estaban en algún lugar de Jamaica, pero necesitaban un señuelo para que los condujeran al lugar. Para fortuna del comando de liberación, los mareros se sentían muy confiados con su victoria pasada y ya no se ocultaban como en meses anteriores, pues ahora estaban por todos lados acosando, robando, golpeando, renteando y viviendo la vida loca en la ciudad. Eso sería un factor que facilitaría la operación.

Ocho comandos lograron conformarse. El más avanzado, numeroso y decidido era el que dirigía el Lurias, líder de los molachos, quien iba perfectamente apoyado por gente de los Xolalpa

y, por su evidente arraigo con las colonias
aledañas, eran conocedores de aquellas calles e
incluso de muchas personas de por ahí. Ellos
tomaron una ruta que ya tenían más o menos
trabajada y por la que sospechaban pudiesen estar
sus carnales. Eran calles solitarias por las que ni la
policía ni difícilmente personas que no
pertenecieran a pandillas de aquel barrio solían
circular. Se acercaron a un grupo de seis mareros,
a quienes levantaron con singular uso de
violencia. Una vez arriba de una de las
camionetas, mataron a quemarropa a cuatro y,
con múltiples amenazas y torturas, consiguieron
la información del paradero de la bodega donde
se tenía a los calavera, que se encontraba cerca
del lugar del levantón y sin mucha vigilancia en
los alrededores.

Se reunieron todos los comandos que buscarían
acordonar dos o tres calles aledañas. El cártel de
los Xolalpa facilitó un camión que se acondicionó
para poder trasladar a los hombres rescatados de
la Morelos y un grupo de veinte se dispuso a
entrar a la bodega por la madrugada, para así
tomarles por sorpresa. Pasadas las 2 a. m., y al
llegar dos comandos de vanguardia encabezados
por los Xolalpa, solamente estaban unos veinte
mareros resguardando el sitio. Los miembros del
cártel Xolalpa volaron la puerta de la bodega con
un lanzamisiles mientras ingresaban

simultáneamente a la bodega y, en cosa de minutos, habían aniquilado con sus AK-47 a los maras que estaban en el lugar. Al momento de ver todos los cuerpos que deliraban moribundos, no pudieron contener su desconcierto y sorpresa ante la falta de humanidad de los mareros y, sobre todo, de los alfas, sin dar crédito a las condiciones y consecuencias del presidio.

Rápidamente levantaron a los raptados y los trasladaron al camión. Muchos estaban irreconocibles por lo desnutridos, lastimados y maltratados que se encontraban. Algunos ya estaban más muertos que vivos y con graves secuelas psicológicas. Los condujeron a una de las muchas casas de seguridad de los Xolalpa en la ciudad, pues aún era arriesgado volver a la Morelos y, evidentemente, requerían atención médica urgente. Por órdenes directas del indio, el cártel de los Xolalpa se hizo cargo de los gastos médicos, llevando personal de primera calidad, la mayoría cubanos que habían podido abandonar la isla y vivir en México con apoyo de los sinaloenses, y se dedicaban a prestar servicios para el cártel y todo aquello que hiciera falta para la recuperación de la gente de la Morelos.

Dicha recuperación tardó varias semanas por la gravedad de las heridas y los procesos de curación y rehabilitación física y psicológica; la segunda, por cierto, mucho más complicada, pues prácticamente todos continuarían sus vidas con serias secuelas que se reflejarían en su futuro inmediato y les conduciría a un creciente sadismo en sus próximos encuentros con otras pandillas. El barrio permanecía bajo el control de los maras que, presionados por el Chivo y los alfas, buscaban a los responsables por cada rincón de la Morelos y las colonias aledañas. Desencadenaron numerosos levantones y asesinatos a inocentes y sospechosos, pues esta pérdida de rehenes implicaba una derrota moral y estratégica en sus intenciones de apoderarse de la ciudad entera.

Tanto los alfas como los maras sabían perfectamente que había sido una operación orquestada por los Xolalpa, y el propio Chivo fue claro con la Mara Salvatrucha respecto al rescate, cuya responsabilidad estaba adjudicada por completo al Jordan.

—¡Pinche negro de mierda! —exclamó el Chivo—. De verdad que no se puede confiar en ustedes, pendejos. ¿Cómo es posible que se les hayan escapado todos esos cabrones? Ya ni la chingan. ¿Ahora qué vamos a hacer?

—Cálmese míster, no fue vaina nuestra —se disculpó Jordan—. Yo dije que era mejor matarlos, pero tú, con esa necedad psicópata de dejarlos morir de hambre, diste chance de que los pudieran rescatar. Pero ¿qué te preocupa? Ya está casi muertos esos vatos. No creo que vivan más de una semana en las condiciones que los teníamos.

—Eres un pendejo, pinche simio —escupió el Chivo—. Entre los que se te pelaron están el Juan Tostado y el Guerrero. Esos weyes son un tiro, son una pistola y, si logran sobrevivir, nos van a hacer un desmadre. Peor aún, ya los andan apoyando directamente los Xolalpa y ahí sí que va a estar cabrón darles la vuelta. Explícale eso al Barrabás o al secretario Malpica. Ya los teníamos en jaque y ahora nos pueden voltear la cosa, ¿entiendes, animal?

—.Pues ya me cuadré con esos que dicen son tan chingones —replicó Jordan— y, la verdad, no están tan pesados, míster. Les partimos bien la cara y, de no ser por ti, hasta los habríamos aniquilado. Es más: ¿ves esta fusca? —El Jordan sacó de su chaqueta la CZ-75 de Juan Tostado—. Era de uno de ellos. Yo creo del tal Juan, por las iniciales que trae. P'a que veas que no son el monstruote que tú te imaginas. Es más, vamos a esperar a que se recupere el pibe y yo me lo reviento con su propia fusca. ¿Te late esa vaina?

—Eres un imbécil —declaró el Chivo—. El Juan te va a matar a ti por pendejo, y me va a dar mucho gusto saber que serás el primero de su vendetta. Afortunadamente, a mí no me van a encontrar esos culeros. Yo soy intocable, como todo el Estado, pero tú sí vas a pagar por tus mamadas. Así que mejor pónganse a entrenar chingadazos y a practicar plomazos porque, créeme, va a haber rebote de la Morelos. Ellos son bravos, tienen huevos y un chingo de orgullo, así que trucha, negrito, ahí nos vemos luego.

Los Xolalpa dejaron una comisión que estuviera permanentemente vigilando el barrio y tratando de cazar algún alfa que estuviera mercando o distribuyendo drogas. Finalmente, ellos solo querían garantizar que la plaza estuviera limpia para que sus mercancías no corrieran riesgo. Los molachos y los calavera protegían como podían a la población y comercios, pues debido a todas las bajas que habían sufrido, no gozaban de su mejor momento. Se entró en un periodo de standby relativo ante la incertidumbre mutua de la reacción. Una atmosfera de miedo, respeto y precaución se podía detectar en ambos bandos. Mientras Juan y los demás se recuperaban alejados del barrio, esperando el momento de cobrar las cuentas pendientes...

10.
¡MARERO CULERO, MI BARRIO ES PRIMERO!

Todo el mes de marzo fue de intensa recuperación para los calavera y los calabazos. Prácticamente todos se repusieron de sus heridas físicas con arduas terapias en las que los médicos cubanos dieron cátedra de sus destrezas y conocimientos, y era notorio que en poco tiempo estarían casi al cien. Sin embargo, su deterioro psicológico era evidente. La idea de los calavera era estar al cien por ciento para fin de mes y tener que enfrentar de nuevo a la Mara Salvatrucha, que había perdido en moral pero no así en potencia ni en peligrosidad.

Juan se sentía cada día mejor. Entrenaba varias veces al día y comenzó a instruirse en artes marciales mixtas junto con varios campeones locales. Desde las 4 a. m. estaba trabajando en su adiestramiento que, junto con lo que ya había aprendido en Sinaloa, lo hacían cada vez mejor peleador. El Picos, líder de los calabazos que sobrevivieron, también se preparó mucho, pues a él no solo las pérdidas de sus camaradas, sino la rivalidad personal que tenía con la mara desde que formaba parte de una clica norteamericana le hacía anhelar la venganza pronto. Una mañana, Juan y el Picos cruzaron por primera vez palabra, pues para el primero Juan había traicionado a los calabazos según las versiones que había escuchado del Vilchis. Sin embargo, en aquella plática se forjó una nueva perspectiva mutua.

—Y tú, ¿qué onda, cholo? ¿Cómo ves el tiro que nos espera? —preguntó Juan—. Esta vez sí la armamos, ¿no?

—Yo digo que sí ,ese, ya sabemos cómo van esos cabrones —respondió el Picos.

—Pues yo nunca me había medido con ellos —dijo Juan—. Tú ya los topabas más, ¿no? Por lo que sé, tú estabas en el Gabacho.

—Simón, ese, yo era de la Mexican Rage, la clica más chingona de Chicago —explicó el Picos—. Nosotros dominábamos varios barrios, controlábamos todo con los latinos, pero pues ya sabes cómo son esos perros de los mareros. Mi clica llevaba varias décadas sin bronca, en armonía con la raza, pero a principios de los 90 la mara se comenzó a introducir y querer agandallar barrios, igualito que aquí. La diferencia es que allá la tira no es tan corrupta y con los latinos son bien culeros, así que los enfrentamientos que teníamos con la mara normalmente terminaban sofocados por la police, y entonces la MCC, la cárcel de Chicago, se comenzó a llenar con vatos de los dos bandos, y ya te imaginarás los trenzones que se armaban allá adentro.

—¿Y a ti también te tocó tambo? —preguntó Juan.

—Simón, ese, yo me aventé una pena de diez años antes de que me deportaran —relató el Picos—, y adentro conocí a varios mareros de los chingones. Son unos perros y, en los años recientes, han crecido el resto, pero sí los podemos chingar si le ponemos huevos. Allá la clica sí los ha podido detener a pesar de todo. Yo digo que acá también se puede.

—¡A huevo que sí, wey! —asintió Juan—. Solamente esta vez no hay que apendejarnos y hay que planear todo bien y meterle el doble de huevos. ¿Topas a ese wey que los mueve, el tal Jordan?

—Pues ese negro es hondureño —explicó el Picos—. El wey movía clicas en la frontera de Guatemala con México. Es un culero. La gente de ese puto es la que se encarga de robar, madrear, violar a los migrantes y a sus viejas e hijas. Esos vatos son la cagada en el paso fronterizo, y pues ahora están alineados con los alfas. Entonces ya también le entran al business de la droga, la prostitución, el tráfico de órganos y otras marranadas. Esos weyes ya no defienden solo el barrio o a su gente, ya son una pinche mafia igual de podrida que los alfas. Hay que sacarlos, y ese pinche Jordan tiene fama de ser bien letal y bien pasado de lanza. Él se chingó al Vilchis y, pues, hay que cobrarle ese cambio. La muerte de ese carnal no puede quedar sin venganza.

—Simón, wey, pues entonces vamos a meterle huevos para que ese trenzón se dé lo más pronto posible —replicó Juan.

A finales de marzo estaban todos listos para volver al barrio y hacer frente a la mara. Los calavera, los calabazos, los molachos y algunos hombres de los Xolalpa tenían la moral elevada, armas, dinero, recursos y sed de venganza. Se encontraban claramente en uno de sus mejores momentos. Por su parte, los mareros también estaban listos. Algunos miembros de los alfas estarían también apoyándolos. El enfrentamiento estaba cantado y significaría un choque de dos importantes fuerzas delictivas: el poder de un barrio con arraigo y mucha vergüenza respaldados por uno de los cárteles más longevos y que pertenecía a la vieja guardia que continuaba sustentando su axiología en respeto a sus aliados y defensa del honor y, por contraparte, la Mara Salvatrucha jugaba de sicaria para un cártel hecho de sicarios del Estado. Era casi evidente que se trataba de un enfrentamiento entre el pueblo y los intereses de la estructura político-económica de la ciudad.

Juan Tostado, junto con el Guerrero y el Picos y acompañados de unos cuarenta hombres, recorrieron todo el eje de la Morelos en busca de maras, de esos que se encontraban aterrorizando y generando caos y violencia a destajo. De pronto, cerca de la estación de metro, encontraron a un grupo de aproximadamente diez a quienes, después de una breve persecución por las calles del barrio, lograron capturar al ser emboscados. La gente de la Morelos determinó no asesinarlos, pues consideraban que eso no terminaría la rivalidad ni pacificaría nada. Simplemente les dieron un mensaje que debían comunicar al Jordan, pues realmente lo que buscaban los aliados de Juan era un enfrentamiento de mayores dimensiones.

—Mira, hijo de puta —le dijo Juan—, quiero que vayas con el Jordan y le des un recado: dile que, si tiene huevos, aquí lo esperamos en nuestro barrio. De aquí no nos vamos a mover y no queremos andarlos persiguiendo y fumigando como las cucarachas que son. Nosotros queremos aventarnos un tiro derecho con la mara, así que dile que lo esperamos en el salón Infierno. Que traiga a la gente que se le antoje, ahí veremos cómo nos arreglamos. ¿Quedó claro? Uno de los mareros salió rápidamente de la

Morelos a dar el recado a su líder, mientras las cabezas de las pandillas se dirigieron al Infierno montando un enorme dispositivo de seguridad en varias calles del barrio. Había halcones, francotiradores, vanguardias a puño limpio, sicarios de los Xolalpa patrullando en sus vehículos las zonas cercanas y decenas, quizá cientos de pandilleros armados dentro y fuera del salón Infierno, sin mencionar las también decenas de comerciantes y vecinos que se acercaron con armas caseras. Era infinitamente superior la fuerza del barrio.

Pasaron varias horas hasta que se comenzaron a escuchar varios gritos vitoreando barrios centroamericanos que se aproximaban desde el sur. Era la Mara Salvatrucha, que entraba a la Morelos. El Jordan iba al frente de unos 180 pandilleros armados con pistolas, fusiles, cadenas, bóxers, chacos y navajas. Al llegar a la entrada del salón Infierno, el Jordan se vio cara a cara con Juan Tostado. Sus miradas se cruzaron, rememorando el enfrentamiento de Jamaica y los días de cautiverio en los que Juan solamente contaba los segundos para que llegara este momento.

—Nos volvemos a ver, marero —dijo Juan—, pero ahora en otras condiciones. El mundo es una rueda de la fortuna y creo que ahora te va a tocar estar abajo.

—Así que vos eres el famosísimo Juan Tostado —exclamó el Jordan—. Nunca supe tu nombre cuando te tuve en mis manos, pero da lo mismo. De cualquier forma, van a valer madres. ¿Cómo vamos a quedar?

—Pues como ustedes quieran. Yo sé que son gatos de los alfas y no deciden ni donde cagan —lo retó Juan—, pero el pedo es que ya no los queremos ver en el barrio. Así que tú decides por tu pandilla: o se van por la buena y no se vuelven a parar, o ahorita mismo nos reventamos la madre y nos matamos todos, o alguien se queda con la copa. ¿Cómo la ves, negro?

—¡Ahh! Pinche Juanito, tú sí que ves mucho la tele, pibe —se burló el Jordan—. Este barrio ya es nuestro, ¿no entiendes eso? El hecho de que aquella vez no te haya matado se lo debes agradecer al pinche policía asqueroso ese del Chivo, pero ¿qué crees, loco? Que hoy no está aquí y nadie lo invitó, así que como barra puto. ¿Cómo se quiere morir, culero, a putazos o a plomazos?

Juan le pasó su arma al Guerrero, se quitó su chamarra, tronó sus dedos y cuello y gritó a su gente:

—¡Cámara banda es un tiro derecho! ¡Vamos a ver si así como son de habladores estos cabrones son de buenos para los putazos!

El Jordan hizo lo propio y se puso en posición de

combate. Es prudente señalar la diferencia de edades, pues Juan estaba por cumplir dieciocho años y el Jordan era un hombre de por lo menos unos veintiocho y con varios centímetros de estatura de más respecto a Juan, que era un chico alto y fornido, pero se miraba pequeño junto a aquel negro de ébano.

Sin más preámbulo, comenzaron a intercambiarse golpes y patadas con mucha habilidad de ambos lados. Se notaba que los dos pandilleros sabían perfectamente meter las manos y mover las piernas. Cuando lograban conectarse, el sonido era tan estruendoso que parecía que se golpeaba un martillo contra una pared de cemento. Era una de las peleas más espectaculares en la historia del barrio. No se podía distinguir un claro favorito. Juan utilizaba técnicas de kung-fu y un exquisito boxeo. Por su parte, Jordan manejaba con maestría el krav magá. Tras varios minutos de golpearse con todas sus fuerzas, Juan dio un upper cut formidable en la quijada del Jordan con el que este perdió momentáneamente el equilibrio y fue rematado con una espectacular patada inversa que lo mandó inmediatamente al suelo. Al caer, Juan se le fue encima y comenzó a golpearlo con tanta fuerza que el hondureño sufrió varias convulsiones. Juan sintió algo en el pecho del marero y rápidamente abrió la chamarra de este, sacando su mismísima CZ-75, con la que aniquiló de un tiro en la frente al Jordan y abrió fuego contra todos los maras que estaban frente a él. Así comenzó la balacera.

Se cerraron las puertas del salón Infierno y todos tomaron posiciones detrás de las camionetas blindadas, de automóviles particulares, postes y contenedores de basura. Algunos entraban a casas o negocios para cubrirse del incesante rafagueo que esa noche azotó la Morelos. Juan estaba detrás de una camioneta blindada junto al Guerrero y Matehuala, quienes no paraban de disparar con gran tino a los enemigos. El Picos y los cholos atacaron con la vanguardia a puño limpio a varios mareros. Era una batalla campal a unas calles de la zona de fuego cruzado. Por su parte, los molachos del Lurias disparaban desde algunas azoteas a cuanto mara veían. Los efectivos de los Xolalpa se encargaron de una persecución a los miembros de los alfas, quienes al ver la inferioridad en la que se encontraban decidieron abandonar a los maras a su suerte y comenzar una escapatoria por el eje.

El enfrentamiento duró varios minutos. Los maras, que eran ferozmente atacados por todos los flancos, comenzaban a perder muchos hombres. Algunos incluso buscaban ya en ese momento la forma de huir del lugar. Sus armas ya eran insuficientes. Eran derrotados también en el enfrentamiento físico con los calabazos y muchos de ellos, al verse acorralados, se disparaban en la sien. Al cabo de un rato, las pocas decenas de mareros que aún seguían resistiendo levantaron las manos en señal de rendición y gritaron: «¡Ya estuvo, barrio, ya estuvo!». Mucha gente salió de sus casas cuando el fuego se detuvo y, armados con palos, cuchillos, cadenas, martillos y hasta machetes, acorralaron a todos los invasores propinándoles la muerte a los que habían quedado vivos al grito de: «¡Marero culero, mi barrio es primero!».

11.
EL ENEMIGO DEL ESTADO

A la mañana siguiente de la ejecución de la clica
de la Mara Salvatrucha en la ciudad, la noticia
corría por todo el país y parte del extranjero. El
nombre de pandillas como los calavera, los
molachos y los calabazos se hacían famosas, así
como sus líderes. Era la primera vez desde la
formación de esta pandilla que se refería a un
probable exterminio. Sus integrantes en los
Estados Unidos y Centroamérica no daban
crédito a lo sucedido. Esta noticia no fue tomada
con muy buenos ojos por las autoridades de la
ciudad y de la delegación, pues tanto el escándalo
mediático como el revés a sus intereses en la zona
pasaban de ser una anécdota a un asunto esencial
que requería especial atención y trato. Aquella
mañana, el secretario de seguridad Malpica, quien
se encontraba particularmente molesto por lo
acontecido, mandó llamar a su oficina al Chivo,
jefe de la policía.

—Buen día jefe, ¿me mandó llamar? —preguntó Chivo.

—Eres un cínico cabrón, —le espetó a Malpica —. De verdad que tú no tienes madre. Supongo que por lo menos sabes leer, pinche animal. ¿Ya viste lo que pasó anoche en la Morelos?

—Claro que sí —dijo el Chivo—. Anoche mismo montamos un operativo en la colonia, pero pues obviamente ya no agarramos a nadie. Todos se desaparecieron y se ocultaron en sus casas.

—¡Pues claro que no agarraron a nadie, si el jefe de la policía es el más grande pendejo de esta ciudad! —explotó Malpica—. No te puedo encomendar nada, porque siempre hay error tras pinche error contigo.

—Jefe, yo jamás me imaginé que esos cabrones pudieran con la Mara —se excusó el Chivo—. Era algo que no estaba pronosticado. Vamos, no existía la más remota posibilidad de ello. Además, había gente de los alfas según apoyando y, hasta donde sé, huyeron. Le digo que no se puede confiar en esa pinche gente.

—Pues cómo no iban a huir, pedazo de mierda —le cortó Malpica—, si los del barrio eran más, traían más armas, los apoyó la gente y, además, por si fuera poco, venían con gente de los Xolalpa. Según tú, nada de eso podía pasar. Según tú, los habían casi matado. Según tus putas mentiras, los mareros superaban en todo a las pandillas del barrio. Según tú, hijo de puta, la gente estaba cagada de miedo por la presencia de la Mara, y nada de eso fue cierto. ¿Acaso tengo cara de puta?

—Por supuesto que no, jefe —respondió el Chivo.

—Entonces, ¿por qué me quieres follar como a una, por qué me quieres mentir como si fuera tu ramera? No juegues conmigo, imbécil, porque te va a costar caro. Yo no advierto, yo cumplo. Esta mañana me habló muy encabronado el señor Secretario de Defensa y me recordó el pacto que el gobierno tiene con los alfas. Evidentemente, no les gustó nada que estén perdiendo plazas en la ciudad. Entiende, cabrón, que esa parte nos toca a nosotros. Somos la puta policía. Tenemos que chingar a quien no nos conviene y respaldar a quien esté coludido con los de arriba. Así funciona la chingada política en este país. ¿O te lo tengo que explicar, grandísimo pendejo?

—No señor, claro que no, yo sé perfectamente cómo es esto —admitió el Chivo.

—Pues entonces espero por tu bien y el de tu familia que lo tengas bien claro y que no se repita —le amenazó Malpica—. Te juro que es la última que te paso. Quiero que me traigas presos a los responsables de la matanza. Quiero que me desarticules a esas pinches pandillas que parece que fueran un puto ejército para que no puedan con ellos. Eres jefe de la policía, puta madre, usa toda la fuerza pública y chíngatelos o yo te voy a chingar a ti. Que te quede clara una cosa: esos cabrones ya no son tus enemigos, ni míos, ni de los alfas. Esos culeros ya son enemigos del Estado y, si no le cumplimos al Estado, los dos nos vamos a ir a la mierda. ¿Eso sí lo entiendes?

—Por supuesto que sí, no pierda cuidado —respondió el Chivo—. Hoy mismo monto varios operativos en el barrio. Yo sé perfectamente quiénes dirigen a todos y quiénes son los claves, recuerde que fui parte de los calavera.

—¡Pues claro que lo debes saber, maldito piojoso! —gritó Malpica—. Así que tú sabrás cómo le haces, pero me das solución y rápido.

—Todo es muy claro, jefe. Con permiso.

Juan Tostado, por su parte, aprovechó el momento de paz que se logró al aniquilar la amenaza Salvatrucha y completó sus ritos santeros con el Príncipe, quien le aconsejó tomarse unos días fuera del barrio para no alterar los trabajos que se le habían realizado. Por tal razón, Juan fue a pasar unos días a Cuernavaca con el Guerrero y Matehuala, quien iba a cargo de la seguridad de ambos. Era la primera vez que Juan Tostado tomaba unas vacaciones en su vida, y vaya que las disfrutó. Se olvidó de la vida de pandillero y se dedicó enteramente a descansar y a reflexionar sobre el futuro del barrio.

El barrio se quedó a cargo del Picos y el Lurias. La distribución de droga volvió a manos de los Xolalpa quienes, a través del Alucín, introdujeron nuevamente todo tipo de material. No se veía rastro ni de mercancía ni de ningún dealer de los alfas. Las calles volvían a ser territorio de los de casa. Las chicas de la Morena volvieron a las calles sin el temor de la presencia y extorsión de los maras, y volvieron a trabajar con cierta soberanía.

El Chivo, con toda la presión que significaba el ojo del Estado sobre él, organizó varios operativos que estarían día y noche rastreando a Juan y sus aliados. De la misma forma que se le manifestaron las órdenes de captura, él las transmitió a sus elementos. Así mismo, mandó llamar a sus proxenetas, a quienes dio instrucciones de hostigar a las chicas de la Morena con la finalidad de que se apareciera alguna de las cabezas del barrio a defenderlas. También ordenó que se comenzara a extorsionar a comerciantes y se usara fuerza excesiva en revisiones y detenciones. Lo que el Chivo buscaba era la provocación que condujera al enfrentamiento directo que lo pusiera frente a Juan y el Guerrero para, de esta manera, capturarlos. Con ello, la muy efímera normalidad a la que había vuelto la Morelos no duraría mucho, pues se estaba cocinando otro vendaval, ahora creado por el Chivo y sus muchachos. Sin embargo, el barrio era fuerte y estaba curtido, preparado para lo que viniera. A final de cuentas, la Morelos siempre había sido una zona de guerra. Era su naturaleza ontológica.

Los rondines se volvieron frecuentes, tal como lo había establecido el Chivo. La violencia del Estado regresaba, pero la gente sabía cómo responder. Estaban organizados y, lo más importante, le había perdido el miedo a todo y a todos. Con cada hostigamiento de la policía, la gente acompañada de las pandillas salía a la calle y respondían con piedras o bombas caseras. A pesar de que se enviaban grupos antimotines, la colonia Morelos más que nunca se había convertido en un bunker lleno de barricadas y unos habitantes dispuestos a todo. En las noches, los vecinos incluso organizaban patrullas para evitar detenciones. Las prostitutas estaban armadas y eran protegidas por las pandillas. De hecho, hubo varios enfrentamientos también entre las prostitutas del Chivo, que seguían en el barrio, y las de la Morena. Era un estira y afloja al cual parecían estar acostumbrados todos en el lugar.

A pesar del aparente equilibrio, una noche varios agentes judiciales irrumpieron en el salón Infierno, llevándose detenidos a varios clientes y prostitutas, y golpeando al personal. Al salir, algunos miembros de los calavera encargados de la custodia del lugar se enfrentaron a los policías, comenzando una intensa balacera en la que cayeron un par de muertos de ambos bandos. Los calavera pidieron refuerzos, entre los que llegó el Lurias con su segundo al mando, el Matador, y contribuyeron eficazmente a la trifulca asesinando a tres policías, pero ante eso y, por un segundo de descuido, el Lurias también fue detenido, llevado al Ministerio Público y acusado de asesinato junto con otros diez miembros de las pandillas de la Morelos. Al otro día, las chicas salieron libres al no encontrárseles cargos. Sin embargo, los varones fueron acusados por flagrancia, presentándose como testigos los propios agentes sobrevivientes. De esta forma, fueron inmediatamente remitidos al Reclusorio Norte de la Ciudad de México.

12.
POR EL BARRIO, TODO; SIN EL BARRIO, NADA

Junio del 2001 se terminaba y la noticia del encarcelamiento de los pandilleros llegó rápidamente a los líderes de los calavera. Estos, descansando aún en Cuernavaca, discutieron por horas cuál debía ser su postura y, sobre todo, la acción, pues era claro que se trataba de una cacería de brujas en la cual las cabezas serían cortadas. Ya estaba preso el Lurias. Faltaban los líderes de los calavera y los calabazos, y era evidente que las presas principales serían Juan, el Guerrero y el Picos. Por ende, tenían que pensar muy cautelosamente para no caer en una trampa evidente, pero tampoco podían dejar desprotegido el barrio, pues eso implicaría un derramamiento de sangre en vano. Había que ingeniar una estrategia infalible que les permitiese reconfigurar el equilibrio de fuerzas.

—A mí esto no me late nada lo que están haciendo esos cabrones en el barrio —dijo Juan

—. Ya metiéndose la tira a estar deteniendo y encerrando a la pandilla va a complicar todo, carnales. No es lo mismo enfrentar bandas que a estos putos que, si bien ya vencimos a chingadazos hace tiempo, ahora están haciendo guerra sucia. Nos quieren desmantelar a la mala.

—Simón Juan, pinche Chivo se está pasando de lanza —respondió Guerrero—, pero yo estoy seguro que esto viene de más arriba. El Chivo será lo que sea, pero respeta al barrio y se cuadra a fierro o a putazos. Estas mamadas de putos solo pueden venir de políticos.

—Como siempre tienes razón, cabrón —asintió Juan—. Esta es mamada de gente pesada. Pero tenemos que volver, wey. Aquí no somos de mucha utilidad. Yo soy de la idea que le partamos la madre al Chivo.

—¿Pero tú crees que matando al Chivo se acabe la roña? —preguntó Matehuala—. Pues pondrán a otro cabrón y ya listo. Los políticos son así: marionetas, monigotes que se sustituyen fácilmente.

—Yo estoy de acuerdo con Juan, hay que volar al Chivo —afirmó el Guerrero—. La cosa es que siempre anda protegido el wey. Vamos a tener que cazarlo muy bien y no va a ser nada fácil. Miren a ese cabrón. Le podemos llegar por su punto débil: las viejas. Desde que éramos chavos ese siempre ha sido su talón de Aquiles. Jamás se ha resistido a unas nalgas. Tan es así que su pinche proxenetismo cada vez es mayor. Antes no la podía armar, porque a las viejas las controlaba el Quijano en el barrio, pero ahora el wey se envalentona porque solamente tiene la competencia de la Morena. Entonces, por ahí le podemos dar.

—¿Cómo, wey? Ahora sí que no te entiendo. ¿Ponerle unas viejas o cómo? —preguntó Juan.

—Vamos a ponerle, pero un cuatro al hijo de la chingada —contestó Guerrero—. En ese asunto, la morenita nos tiene que echar el paro, así que yo les aconsejo que agarren sus chivas y en chinga nos vayamos p'al barrio.

—Ok. No sé a ciencia cierta qué planeas, pero pues vamos a ver —asintió Juan.

Horas más tarde, se reunieron en el salón Infierno con la Morena, quien lucía aún consternada y afligida.

—¡Ay, qué bueno que ya están aquí! —exclamó la Morena—. Han hecho mucha falta. Estos cabrones nos traen asoleados con su pinche asedio.

—Sí, lo sabemos, morenita —dijo Guerrero—, pero más que preocuparnos hay que ocuparnos, y a eso vinimos. Pero necesitamos que tú le metas mucho talento a esto.

—Bueno, rey, pues dime: ¿qué hacemos? —preguntó la Morena.

—Yo creo que debemos hacer que el Chivo sienta que ya la tiene ganada y que se relaje —explicó el Guerrero—. Necesitamos que tú y tus niñas lo hagan sentirse en el cielo, para después bajarlo al infierno al hijo de perra.

—Me parece bien, mi Guerrero —aceptó la Morena—. Esa cucaracha no merece menos, pero ¿dónde vamos por él, a su oficina o qué tienes en mente?

—No, llévenlo a un hotel, háganle el amor entre varias como nunca en su chingada vida, y después vuélenlo —ordenó el Guerrero.

—Pero ¿crees que sea tan pendejo para dejarse llevar así? —inquirió la Morena—. O sea, sabemos que es un imbécil, pero no creo que sea tan fácil, Guerrero. Necesitamos que se sienta plenamente en confianza. Finalmente él sabe que yo les soy incondicional a ustedes.

—Sí, lo sé, y por eso primero te vas a ganar su confianza —explicó el Guerrero—. Harás algo que ni él mismo se va a imaginar, y con ello tendrás a ese wey comiendo de tu mano.

—Pero ¿qué podría yo hacer por él para que tenga una ciega confianza en mí? —preguntó la Morena.

—Le vas a entregar a Juan Tostado —declaró el Guerrero.

En ese momento, todos se quedaron fríos, pasmados y mudos. Se miraban unos a otros y miraban con desconfianza y extrañeza al Guerrero. Jamás pensaron que un tipo de su envergadura pudiera sugerir algo parecido. Matehuala incluso lo increpó en tono violento:

—Estás jugando, ¿verdad, Guerrero? ¡No mames!

Juan lo tomó con un poco más de calma, miró fijamente a al Guerrero, tomó una silla y le dijo:

—Continúa, carnal. Me gustaría saber tu objetivo.

—Si hay un pez gordo en estos momentos en el barrio eres tú, Juan —dijo el Guerrero—. Si te agarran, probablemente se calmen un poco las aguas y tengamos mayor margen para reorganizarnos. Tu nombre ya ha sonado por varios lados, y seguro al primero que quieren es a ti. Es la única forma de que el pinche Chivo tenga plena confianza en la Morena. Una vez ganada esa confianza, ese cabrón está muerto y la tira la tendrá más complicada para chingar. Además, matarlo es nuestro principal objetivo por ahora.

—Pero así nomás vamos a dejar que metan a la cárcel al Juan —protestó la Morena—. ¿Y si lo matan o algo peor? Adentro está muy cabrona la cosa, Guerrero, tú bien sabes que hay gente que no nos tiene muy buena leña allá adentro.

—Si hay alguien que ha demostrado tenerlos bien puestos es el Juan —adujo Guerrero—. Aquí o adentro será un chingón. Además, recordemos algo: en el reclusorio, además de los recién capturados hay muchos miembros del barrio que llevan años ahí. Es una buena oportunidad para fortalecer a la banda de adentro y ganar espacios. ¿Tú qué dices Juan?

—'Chale, carnal. La neta, jamás me había pasado por la cabeza ir al bote —dijo Juan—, y pues, para ser sincero, desde niño le he tenido miedo, pero pues no hay pedo. Vámonos tendidos si es la forma de salvar al barrio y partirle la madre a ese wey. Yo me aviento el Toro. Total, yo no tengo absolutamente nada que perder.

—Juan, no mames —intervino Matehuala—. Es el tambo. Allá es otro pedo. Sí, hay gente del barrio, pero también hay de otros. Seguro hay mareros, alfas y gente culera, y tú debes ya varias. Es mucho riesgo, carnal. Mejor sacrificamos a otro, no mamen. Hay que poner al Picos o a alguno de los Xolalpa.

—No, mate, yo no tengo broncas —le contradijo Juan—. No tengo nada que perder. Si me matan adentro, nadie me va a llorar, pero si la logro armar vamos a tener un bastión bien fuerte allá adentro y vamos a controlar seguramente más barrios. La cárcel es una catapulta. Allí se manejan muchos hilos de muchos barrios y, si logramos apañarlos y menearlos, la Morelos y los calavera creceremos un chingo.

—¿Estás seguro, Juan? —preguntó la Morena.

—Por supuesto que sí —contestó Juan—. Ahora la cosa es saber qué planea el Guerrero. Para que me entregues, es obvio que todo debe parecer traición para que el pinche Chivo caiga, aunque la neta, ¡como me gustaría ser yo el que lo vuele! Pero ahí te encargo que le des una puñalada a mi nombre, morenita. Ese cabrón también me la debe por lo de mi familia. No puedes fallar...

13.
ARRIEROS SOMOS Y EN EL CAMINO ANDAMOS

Julio de aquel interminable 2001 sería un año más que recordado por Juan Tostado pues, además del rescate de su hermana, el enfrentamiento con la Mara Salvatrucha, su cautiverio y demás acontecimientos, aquel año Juan pisaría por primera vez una cárcel, hecho que cambiaría su ya de por sí precoz vida, y significaría un paradigma en su construcción existencial. En esa vivencia habría muchísimos elementos conjugados que darían el definitivo paso para su consolidación como el gran líder de los calavera y la Morelos. Encontraría un mundo que nunca imaginó que existiera y se enfrentó a una realidad tremendamente cruda que hizo parecer su vida en el barrio y en Sinaloa un paseo infantil. La cárcel, sin lugar a dudas, implicó su regénesis.

La Morena y dos de sus chicas, tal como se había acordado con los calavera, llegaron una mañana de julio a las oficinas de la policía delegacional, nido de una larga pila de servidores públicos cleptócratas. Ahí entraron a hablar con el Chivo.

—Hola, morenaza —saludó el Chivo—. Válgame, ¡qué buena te has puesto! No cabe duda que entre más tiempo pasa mejor te pones. Y ustedes también, nenas, muy guapas todas. ¿A qué debemos el finísimo honor de su visita?

—Vinimos a proponerte algo, mi Chivo —declaró la Morena—. Verás, nosotras ya estamos bien cansadas de tanto lío y tanta sangre en la Morelos. Ya queremos salirnos de ese barrio en el que nomás no podemos chambear, pero pues ya sabes cómo son las pandillas. Creen que todo lo que está ahí les pertenece, hasta la gente. Entonces, nosotras te queremos pedir un favor, papacito.

—¿Cuál es el favor, matarlos y encerrarlos a todos? —preguntó el Chivo—. En eso ando, mi reina, y yo encantado de la vida lo hago, solo que no es tan fácil. Se esconden bien esos cabrones, pero no se me van a ir.

—Precisamente nosotras podemos hacer más sencilla esa tarea, sí tú nos sacas del barrio y nos pones a chambear en otro lado —propuso la Morena—. Claro, dándonos protección de esos animales. Nosotras, además de complacerte en todo lo que tú quieras, vamos a trabajar para ti y, lo más importante, te vamos a poner al pinche Juan Tostado. ¿Qué dices, mi rey, te gusta la idea?

—¡Ah, cabrón! Ahora sí me dejas sorprendido, muñecota —exclamó el Chivo—. ¿Te cae de madres que me vas a poner al Juan Tostado?

—Sí. Ese wey ya nos tiene hasta la madre —respondió la Morena—. Le han hecho pensar que es una especie de superhéroe en el barrio y anda bien alzado por todos lados, sintiéndose el papá de los pollitos. Y los demás pendejos, por miedo o yo que sé, siempre le están haciendo segunda. Es el wey más odioso y nosotras encantadas te lo regalamos.

—Pero seguro no anda solo —señaló el Chivo—. Ya ves que el Guerrero parece su sombra, y yo a ese wey lo respeto mucho. No me lo quiero llevar entre las patas.

—No, mi amor —respondió la Morena—. Normalmente, cuando se va a embriagar y a coger anda sin el Guerrero. Los únicos que van son los otros mocosos que se hicieron con él, el tal Camello y el Matehuala. Son un trío de escuincles morbosos, pero ellos dos no son de peligro. Realmente el único que sí es un cabroncito es el Juan, pero si te llevas varios hombres, seguro lo agarran bien borracho y se lo llevan. ¿Cómo ves, muñeco? ¿Verdad que sí nos vas a ayudar?

—Vale pues, reina —acordó el Chivo—. Así le hacemos. Esta misma noche vamos por ese cabrón, pero como resulte un cuatro o alguna jalada, a ti te saco las tripas, nena. Y si todo resulta derecho, te voy a tener viviendo como la reina que eres y no tendrás que preocuparte de nada, porque el Chivo será tu hombre y también de ustedes, muñequitas. Entonces ya quedamos, en la noche las veo. ¿En qué congal se para el chamaco ese?

—Siempre va al Siboney. Como a las doce llega ya bien borracho —dijo la Morena—. Tú llega como a la una, para ponértelo más pedo y que sea más fácil.

—Así le hacemos, morenaza —asintió el Chivo.

Llegó la noche. Las luces de la ciudad alumbraban el barrio y la vida nocturna en la cual hacían simbiosis la interacción de proxenetas, traficantes, sicarios, adictos, prostitutas, políticos y demás distinguidos miembros de la fauna delictiva del lugar. Todo estaba preparado para la aprehensión de Juan Tostado. Este llegó justo a las doce al lugar, simulando estar borracho. Iba tal cual el escenario descrito por la Morena, acompañado de Matehuala y el Camello. Al entrar al Siboney, el olor a humo de cigarro, alcohol y sexo, acompañado de grotescas imágenes de feralidad dionisiaca, se incrustaron en los sentidos de Juan. Se acercó a una de las mesas de la pista con sus acompañantes, se despojó de su chamarra de piel y tomó asiento lentamente. En pocos minutos, la Morena llegó a su mesa con una botella de ron, la destapó y sirvió cuatro tragos en las rocas mientras se sentaba con ellos y se dirigía a Juan:

—Mi niño, en un rato va a venir por ti ese cabrón —le comunicó la Morena—. No sé a cuántos traiga, pero asegúrate que los calaverita se vayan. Si no, también los va a querer jalar.

—No hay falla, morenita —dijo Juan—. Ellos aún son menores de edad. Les faltan meses para cumplir los dieciocho, así que no son rentables como presos. No creo que al Chivo le interese llevárselos.

—¡Ay, Juanito! —suspiró la Morena—. Estoy bien nerviosa, no se vaya a poner pesada la cosa y se vaya a desatar más violencia.

—No te apures —la tranquilizó Juan—. Todo va a salir como lo planeamos, pero tú no vayas a fallar en chingártelo. De ti depende que el sacrificio valga la pena. Mira, toma mi fusca. Esta me la regaló el indio Xolalpa cuando le salvé la vida. Quiero que con ella te quiebres al Chivo y que la guardes muy bien para cuando yo salga del tambo. ¿Me haces ese favor?

La Morena tomó la deslumbrante pistola y la guardó en su bolsa de mano.

—Pero, por supuesto que sí, mi rey. Obvio, lo que tú pidas. Tú eres el héroe de este barrio, tú nos has dado esperanza. Gracias a ti y a tu valor hemos ganado en dignidad, nos sentimos seguros de nosotros mismos y sabemos hacia dónde vamos. Sabemos que esto es lo único que tenemos y que lo debemos defender con los dientes. Juan, pase lo que pase, no olvides que esta es tu casa. Nosotros somos tu familia y haremos todo porque tu estancia en el tambo sea lo más tranquila posible. Tu sacrificio no será en vano. Defenderemos el barrio como tú lo harías.

La noche avanzó y el Siboney cada vez se llenaba más de clientes quienes, al son del alcohol y las drogas fuertes, comenzaban a hedonizar a niveles pornográficos. Todo parecía una noche ordinaria en aquel palacio del exceso hasta que, en punto de la media noche, arribaron al lugar unas cinco patrullas de la policía de investigación encabezadas por el Chivo. Al entrar al lugar, les hicieron saber a todos que se trataba de un operativo, suponiendo que Juan Tostado pondría resistencia. Evidentemente aún no sospechaban el arreglo.

—Prendan las luces, apaguen la música —ordenó el Chivo—. Esto es un operativo, que nadie se mueva.

Inmediatamente se prendieron las luces del lugar. Las chicas cubrieron su desnudez como pudieron y la mayoría de los clientes, desconcertados, levantaron las manos. Solamente en una mesa tres clientes siguieron degustando su botella sin inmutarse. Se trataba de Juan y sus acompañantes. El Chivo, apuntando firmemente su arma junto con otros dos oficiales, se dirigió a ellos:

—¡Pero a quién tenemos aquí! Al mismísimo Juan Tostado. ¡Qué pronto nos volvemos a encontrar, chaval!

—Mira, Chivo —dijo Juan—. Qué coincidencia, ¿no? ¿No será que sabías que yo estaría aquí?

—Cómo vas a creer eso, Juanito, si a ti todo mundo te tiene ley en este barrio. Nadie sería capaz de provocar tu ya famosa ira que se ha llevado la vida de tu propio padre y familia, y ha vertido muchísima sangre en la Morelos.

—Vete a la mierda, Chivo. A mi familia se la chingaron tú y tu pinche mafia. Y esa me la cobraré algún día, dalo por hecho, cabrón. Ustedes nunca olvidarán mi nombre y se arrepentirán de haberse metido conmigo.

—Bueno, mijo —dijo el Chivo—, pues eso será en otra ocasión, y ya tendrás tiempo para cumplir tus amenazas y berrinches. Por el momento, ya te llevó la chingada. Estás detenido por el delito de homicidio.

—¿Homicidio de quién? —preguntó Juan.

—De todos los pinches maras que tú y tu banda mataron en el barrio —respondió el Chivo—. Tengo suficientes evidencias para encerrarlos un buen rato a todos, pero me conformo con unos cuantos como tú.

—Bueno, pues eso ya lo decidirá la corte —dijo Juan—, pero supongo que ya no puedo hacer nada, así que ni pedo. Aunque me quisiera pelar, seguramente tienes hombres por todos lados. Vamos pues, ya veré cómo chispar el juicio…

El Chivo rápidamente puso las esposas mientras dos de sus hombres custodiaban la acción apuntando. Tomaron a Juan del cuello y la espalda y lo sacaron del Siboney ante la incrédula mirada de muchos de los clientes. Juan Tostado fue trasladado a la Agencia de Investigación de Homicidios, donde le fueron imputados los cargos de homicidio calificado y se le sembraron todas las pruebas habidas y por haber para culpabilizarlo de facto y crearle un juicio en el que fuera condenado desde antes de iniciarlo, aunque había suficientes indicios para demostrar que asesinó al Jordan. Solamente permaneció unas horas en dicha agencia, hasta que se le dictó auto de formal prisión llevándolo a Reclusorio Norte en completa soledad y para extrañeza de la policía, que esperaba alguna resistencia de sus aliados, justo donde semanas antes habían ingresado otros pandilleros de la Morelos, entre ellos el exlíder de los molachos, el Lurias. Sería un encuentro que traería grandes novedades para sus pandillas y para la Morelos.

Por otra parte, unas horas después del traslado de Juan Tostado al reclusorio, la Morena tenía que cumplir con su parte y completar la obra por la cual se habían sacrificado Juan y otros. Ella citó, como se había acordado, al Chivo en unos de los hoteles del centro de la ciudad para «recompensarle» por haber quitado a Juan Tostado del barrio y, con ello, haber acabado con su tiránica figura. Se presentó con sus mejores prendas, unos enormes tacones, un entallado vestido negro que dejaba notar sus impresionantes curvas, su cabello suelto, dejando en libertad su enorme melena afroamericana, un tenue maquillaje que resaltaba sus hermosas facciones mulatas y un delicioso perfume frutal que dejaba su aroma por todo sitio donde pasaba. Así fue como llegó a la habitación 34 del hotel Marqués.

—Hola, mi rey —saludó la Morena—. ¿Cómo estás, guapo? ¿Listo para tu premio por ser el macho alfa más cabrón de todo el barrio?

—Por supuesto que sí, mami. —dijo el Chivo—. No sabes cuánto tiempo he esperado este momento. Siempre te he traído un chingo de ganas.

—¡Qué bueno, mi amor! Porque será la primera de muchas, y quiero darte todo el placer que un hombre como tú se merece. —La Morena cerró las cortinas de la austera habitación, apagó las luces y le dijo al Chivo—: ¿Estás listo, papi? Ve quitándote la ropa, muñeco. Te voy a dar primero un masajito para que te me relajes y disfrutes como nunca.

De forma veloz y confiada, el Chivo se despojó de su ropa y se recostó en la cama, volteándose boca abajo para recibir su hedonista masaje. Le dijo a la Morena:

—¿Así estoy bien, mi amor?

—Sí, muñeco —respondió la Morena—. Ponte cómodo, yo me voy preparando para ti.

En cuanto se dio la vuelta el Chivo, la Morena sacó de su bolso de mano la CZ-75 de Juan Tostado y, al cargarla, el Chivo inmediatamente volteó tratando de reaccionar. Sin embargo, la Morena apuntó hacia él, diciéndole:

—Ya te llevó la chingada, hijo de tu puta madre.

—Pinche vieja ladina —saltó el Chivo—. Debí suponer que era un cuatro. Son unos pinches piojos todos ustedes. Los debí haber matado a todos, malnacidos.

—Ya deja de hablar cabrón —le espetó la Morena—, y dime, ¿dónde están los jefes de los alfas? Igual ya estás muerto, así que ya de nada sirve que los ocultes. Ponlos para que se los lleve la chingada, como a ti.

—Vete a la chingada, pinche vieja loca. Si le vas a jalar dale, culera. Deja de estar jugando al detective. Yo no te voy a decir ni madres.

La Morena, sin pensarlo más, dio dos certeros tiros en la cabeza del Chivo, quien murió instantáneamente. Tomó su cartera, su teléfono celular y las llaves de su auto, y salió rápidamente del hotel, dirigiéndose a toda velocidad a la Morelos. Al llegar se reunió con el Guerrero, a quien le entregó todo lo que había hurtado del Chivo.

—Aquí está, Guerrero, todo lo que traía ese cabrón —dijo la Morena—. Ya está completo el encargo. Ese infeliz no volverá a joder nunca más en el barrio.

—Muy bien, morenita, excelente —la felicitó Guerrero—. No esperaba menos de ti. Vamos a tratar de sacar toda la información del pinche Chivo para dar con los alfas y cobrar la que aún nos deben. Esto todavía tiene mucha historia.

14.
EL PRESIDIO

En julio del año 2001, con dieciocho años recién cumplidos, Juan Tostado fue ingresado al Reclusorio Varonil Norte de la Ciudad de México, en el cual se le comenzaría un juicio por el homicidio calificado del Jordan. El joven, que por toda la experiencia que había acumulado en su vida daba la impresión de ser más grande de edad, no solo en lo físico sino en muchas de sus actitudes psicológicas, entró a la prisión sin mucho miedo. Inclusive se notaba con un semblante sobrio y básicamente confiado del apoyo que desde fuera recibiría tanto de su barrio de la Morelos como del cártel de los Xolalpa.

Al ingresar con la población, se encontró con muchos miembros de las pandillas de la Morelos, pero también con enemigos: algunos maras, miembros de los alfas y expolicías. En la cárcel las cosas cambian respecto a la calle. A pesar de que ciertas rivalidades y alianzas se mantienen, todo el orden se reconfigura, desde los líderes hasta las formas y los modos. En la cárcel el verdadero poder es el dinero. Es el único aliado, el único amigo, la única paz y tranquilidad.

Al llegar a su celda, Juan se encontró con que ya había dos reclusos más quienes contaban con varias comodidades para la época, como eran televisión, grabadora con reproductor de CD, cobijas, chamarras, jabones, shampoo, varios estilos de calzado, cigarros, botellas de licor, juegos de mesa y todo tipo de drogas, además de por lo menos cuatro reos que les atendían, hacían fajina y les servían como lacayos, haciendo incluso por ellos los trabajos que les correspondían en el presidio. Ambos personajes eran dos distinguidos miembros del cartel de los Xolalpa y tenían dominadas varias secciones del reclusorio, además de ser de los principales traficantes de todo tipo de artilugios y sustancias en el penal.

El más antiguo de los dos era el Hércules. Había estado recluido desde el año 1993 por posesión de cocaína y magnicidio, cuando fue detenido tras haber asesinado a quemarropa a un senador de la República. Era un tipo nacido en Sinaloa que se había formado desde muy joven en el cártel. Conoció personalmente al indio, pues fue parte de su guardia personal a finales de los años 80. Era un hombre grande, musculoso, de carácter extremadamente fuerte y violento, muy desconfiado y celoso de su espacio y negocios. Sin embargo, estaba agradecido y era extremadamente leal al indio Xolalpa. Al enterarse de la llegada de Juan no le agradó mucho la idea de compartir con un reo nuevo.

Más joven que el Hércules era el Carranza. Llevaba apenas cuatro años en prisión. Era de los llamados narco juniors. También pertenecía al cártel de los Xolalpa, no rebasaba los treinta años y fue detenido en el aeropuerto capitalino por posesión de cocaína, heroína y marihuana. Así mismo, los múltiples fraudes que cometió y la presunción de varios asesinatos lo tenían condenado a otros diez años más de penitencia. El Carranza era alegre, le gustaba estar siempre limpio y arreglado, se expresaba con un lenguaje mucho más sofisticado que el de prácticamente todos los reclusos y trataba de llevarse bien y no generar problemas. Sin embargo, también era reconocido por ser de mecha corta y expresar su violencia cuando algo no cuadraba con sus ideas e intereses. Presuntamente dentro del reclusorio tenía seis muertes distintas en sus espaldas. Estos serían los compañeros de celda de Juan Tostado.

Al llegar Juan a su nuevo hogar, la impresión por los privilegios en los que vivían sus dos nuevos compañeros no fue menor. Juan suponía que esas comodidades también serían parte de su estancia.

Sin embargo, no sabía que, para acceder a ellas, debía ganárselas a pulso, pues adentro no era aún nadie. Todas sus viejas hazañas se quedaban afuera y había que escribir unas nuevas en la cárcel y ser merecedor del respeto de la cana.

—¿Así que tú eres el nuevo inquilino? —preguntó Hércules—. Pasa pues, no te quedes afuera, éntrale a la mansión más lujosa del reclu, nuestro Penthouse. ¿O no, pinche Carranza? Mejor lugar aquí no encontrarás, chaval.

—Exacto, compita, pásale. Acá es tu casa. Hemos escuchado algunas cosas de ti que ya nos irás detallando. ¿Cuánto te echaron por matón? Dicen por ahí que te quebraste a un líder de la mara y a varios pesados de tu barrio.

—Pues gracias, permiso. —dijo Juan—. No me van a creer, y seguro que todo quien entre pone mil pretextos de su sentencia, pero yo estoy aquí por solidaridad con mi barrio y por chingarme a un pinche marero que se quiso agandallar a mi gente. Pero aún me falta terminar una larga venganza que tengo pendiente con varios culeros más, así que solamente espero salir pronto de aquí.

—Ay, pues va a estar cabrón rey —dijo Carranza—. Aquí todos queremos salir pronto para seguir la party afuera, pero este pinche calabozo en cada momento exige sangre y sacrificios y, entre más cumpla uno esos caprichos a la cana, más terminamos embarrados de mierda, y la libertad se aleja más y más. Es inevitable, aquí todos tenemos mierda hasta el cuello y la libertad deja de ser opción para convertirse en un sueño inútil.

—Me imagino que sí —asintió Juan—, y la neta, si no tuviera nada mejor que hacer afuera, pues aquí me quedaba a hacer barrio, pero tengo muchos pendientes, así que espero que mi barrio se mueva pronto y me manden un abogado chingón.

—Pues no te confíes tanto, morro —le advirtió Hércules—. Aquí a veces no importa mucho tu contacto afuera. A algunos de nosotros nos trajeron por petición especial del gobierno y, cuando es así, ni el mismísimo indio Xolalpa te puede librar. Yo soy uno de esos casos. Yo aquí ya me chingué, porque al gobierno le conviene que me muera aquí y no les arme pedo allá afuera, así que me pusieron el dedo, me sembraron de más y ni todo el dinero del indio me podrán sacar de aquí, al menos no por la buena y, para ser honesto, creo que estoy mejor aquí.

—Espero no tener el dedo puesto —dijo Juan—, aunque con algunos desmadres que he escuchado, igual y sí ando encargado. Pero pues, le voy a echar huevos yo aquí adentro y esperar que me saquen pronto.

—'Tá bueno pues, pero primero te tengo que

explicar cómo funcionan así las cosas aquí adentro, cómo se gana uno su lugar y cómo se consiguen privilegios —le aconsejó Hércules—. No con nosotros, sino en todo el zoológico de la cana. Lo primero aquí es que no hay divas ni patronas, salvo que tus huevos lo demuestren. Y pues, tú vas llegando, así que te tienes que ganar tu lugar, tu cama, tu comida, tu droga y hasta tu derecho a cagar.

—Va, me late, y ¿qué hay que hacer? —preguntó Juan.

—Pues aquí siempre hay mucho que hacer, ya sabes: comenzar por la fajina y los mandados. Vas a ser nuestro chavo hasta que demuestres qué traes con qué. Tienes que limpiar el cantón, rifarte nuestras tareas y trabajos en el reclu. Aquí la mamá es el Hércules, así que hay que cuadrarse y no ponerse pendejo. A partir de hoy eres nuestro pinche esclavo hasta que decidamos que eres un ser humano

—No mamen, ¿me van a poner a lavar baños y la celda? ¡Están pendejos!—exclamó Juan—. Yo en el barrio soy aquel, y a las pruebas me remito, con cualquiera me parto la madre. Es más, a los dos les voy a reventar el hocico.

—Pues así dicen todos cuando llegan, morro —dijo Hércules—. Lo más inteligente que puedes hacer es no hacer pedos.

—Chale, ni madres —se negó Juan—. Yo no voy

a ser su chacha. Están bien pendejos los dos.

El Hércules se levantó de su cama y tiró un certero y poderoso derechazo en el estómago de Juan, quien cayó doblegado fuera de combate. Ya en el suelo, el Carranza se le montó y sacó un picahielos que le acercó a la yugular y le dijo:

—Compa, aquí no es conveniente venirse a parar el cuello a lo pendejo. Aquí solo las mamás son la reata y los demás nos tenemos que cuadrar, hijo. Así que no se ponga loco, porque a la otra a una voz le volamos la madre, sea usted quien diga ser. ¿Entendió?

Juan, completamente fuera de combate y desconcertado, les respondió con el poco aire que le quedaba:

—Simón aguanten, ya estuvo. No hay pedo, vamos a parlar.

El Carranza quitó el arma del cuello de Juan y se levantó. Juan, aún un poco aturdido, también se reincorporó y les dijo:

—Cámara, ya está claro el pedo, pues. Díganme cómo y por dónde comienzo, y poco a poco me iré ganando mi lugar.

Esa misma tarde fue enviado a los sucios y decadentes baños de la penitenciaría, donde se encontró con otros viejos conocidos de su barrio, quienes también estaban haciendo la respectiva fajina. Uno de ellos, el Chaparro, se le acercó y, con enorme sorpresa, le dijo:

—¿Qué pasó, Juanito? No mames, ¿cuándo entraste?

—Apenas, carnal —respondió Juan—. Hoy entré a población y, ya ves, luego ya me tocó mi bienvenida y me mandaron a chingarle. ¿Tú qué pedo?

—A mí también apenas me clavaron por el pedo con los maras —dijo Chaparro—. Entré junto con el Lurias. Está conmigo, en la misma celda, pero ese wey anda chambeando en los tornos.

—Pues hay que juntarnos y ver qué pedo con todos los del barrio —replicó Juan—. A mí me tocó con unos weyes de los Xolalpa. Yo pensé que serían la banda adentro, pero me quieren mostrar. ¿A ustedes cómo les va?

—Nosotros caímos un poco más en blando, carnal —le explicó el Chaparro—. En la torre donde nos entusaron hay mucha banda de varios barrios, pero la mayoría están alineados con la santería y, pues, topan al Príncipe y al barrio. Eso nos ha hecho un paro. Además hay mucha banda de antaño. Mañana nos reunimos en el patio para ver qué pedo.

—Ya estás, wey, hay que organizarnos aquí —asintió Juan—. Tenemos que aprovechar que estamos varios y el apoyo que tenemos afuera, porque si no va a estar cabrón y nos van a chingar.

Esa primera noche que Juan Tostado pasó en

prisión fue una de las más largas y difíciles de su corta vida, pues tuvo que dormir en el suelo sin ninguna manta que le cubriese del frío. No podía utilizar la letrina de la celda ni tomar agua del grifo, pues ambas cosas eran propiedad privada de sus compañeros. Estaba rodeado de ratas y cucarachas, además de sufrir el hostigamiento de un custodio homosexual que insistía en entrar a la celda para violarlo.

Al día siguiente se reunió en el patio del reclusorio con varios de los pandilleros de la Morelos internos. Algunos llevaban ahí más de veinte años y estaban por crímenes diversos. Había escuchado muchas de las leyendas de la Morelos que conoció en ese momento, como el Chino, quien había sido uno de los fundadores de los molachos en los 70 y era considerado todo un prócer, o el Grifo, que había estado en la primaria con el Cráneo y era uno de los legendarios calavera citado por varios de los miembros más antaños. También estaban algunos santeros fieles al Príncipe y, obviamente, los capturados por el Chivo tras la masacre de los mareros.

Juan inmediatamente se dirigió al Lurias:

—Qué tranza, barrio, ¿cómo andamos?

—Qué tranza, mi Juan —saludó el Lurias—. No pensé que te fueran a apañar a ti, pero ya más o menos me enteré que fue por ponerle el cuatro al Chivo. A huevo, aquí vamos a cuidarnos todos.

¿Y qué pedo me contó el Chaparro que te tocó en cantón con el Hércules? Ese wey está bien pesado aquí adentro.

—Simón, ya me anda mostreando el hijo de la chingada —repuso Juan—, pero pues hay que ponerse al pedo. Yo no me voy a dejar, pero tampoco le voy a jugar al vivo y ponerme de pecho para que me chingue. Hay que hacer alianzas.

—¿Sabes cuál es el pedo? —preguntó el Lurias —. Que aquí no vale la tregua de allá afuera. Esos weyes son de Sinaloa y nada más ven por su gente. Se cuidan entre ellos y los barrios chilangos les valen madres. Es más, aquí ni siquiera han comprado el pedo con los alfas.

—Entonces hay que partirles la madre, no hay de otra —replicó Juan.

—Pues de que se puede, se puede, wey, pero va a estar cabrón. Esos vatos son recios y van a dar mucha guerra —advirtió el Lurias—. Necesitamos tener mucha gente de nuestro lado, porque con puros huevos no basta aquí adentro.

—No hay pedo —dijo Juan—. A quién tenemos como el más pesado aquí? ¿Hay alguna mamá?

—Simón, wey, ¿ves a ese cabrón de allá? —El Lurias señaló al Grifo—. Ese wey es el Grifo, uno de tus antaños, compadrísimo del Cráneo y del Guerrero. Ese wey es mamá de su cantón y el más pesado de la Morelos aquí adentro. El pedo es que, como te digo, era bien bro del Cráneo y no sé cómo tome que el wey que lo mató ande aquí adentro. No te conoce físicamente, pero sí conoce tu nombre y dos o tres de tus historias, y se enteró que te habían clavado.

—Pues nos tenemos que arriesgar, wey —dijo Juan—. Yo no puedo andar de chavo de esos weyes de los Xolalpa. Además tenemos que montar también la banda aquí adentro, esa es otra de las razones por las que estoy aquí.

—Dale carnal, pues vamos pues, pero ándate bien trucha porque no sabemos cómo va a reaccionar este wey —avisó el Lurias—. A lo mejor te trata de volar y se puede armar el pedo grande, pero pues yo estoy contigo, man.

El Lurias, Juan y un grupo de quince pandilleros de la Morelos se dirigieron a una zona donde se encontraban sentados el Grifo y sus muchachos, la mayoría conocidas leyendas del barrio, y otros alineados y sometidos durante el presidio, quienes eran otro de los grupos más respetados por su cantidad y alianzas dentro del penal. Al llegar a él en una zona donde se ejercitaban con barras de hierro y pesas de cemento, el Lurias lo saludó de manera fraterna y le dijo:

—¿Cómo estás, mi Grifo? Buen día.

—Bien, mi Lurias, todo bien. —respondió el grifo—. ¿Cómo van ustedes, barrio? ¿Han tenido algún pedo?

—Todo suave —dijo el Lurias—. Mira, carnal, te quiero presentar a un compa de la Morelos. Este wey se llama Juan Tostado y es uno de los chingones de los calavera, que es la bandota del Guerrero y ahorita junto con él son las cabezas del barrio.

—¡No mames, qué gusto, cabrón! —exclamó el Grifo—. ¿Cómo estás, chavo? El Guerrero es mi mero brother. Crecimos juntos en el barrio. Tú, ¿qué pedo? ¿Quién te alineó? Te ves chaval.

—Pues aquí andamos —dijo Juan—. Ya sabes, por andar de cabroncitos en el barrio. Me entuzaron para chingar al Chivo y finalmente por fin lo quebramos.

—¡No mames! —gritó el Grifo—. Ese pinche Chivo es un culero. También lo conozco desde chavo y es una mierda de persona. ¡Qué bien que lo desmadraron! Pero cuéntame, ¿cómo está mi carnal el Guerrero, tú? ¿Qué pedo?

—Pues el Guerrero está chido —le explicó Juan—. Ya sabes que ese wey es un cabrón. Es el mero efectivo del barrio. Yo, la neta, lo respeto mucho y trato de aprenderle todo lo que puedo. Sería para mí un honor llegar a ser como él.

—A huevo, mi carnal siempre fue un chingón. Pero me acaba de decir el Lurias que eres de los chingones ya —dijo el Grifo en tono de broma—. ¿Cómo fue, cabrón? ¿A quién mataste para ya ser considerado así?

—Me chingué al Chango y al Cráneo —dijo Juan. La sonrisa que en ese momento iluminaba el rostro del Grifo se transformó súbitamente en un iracundo semblante y una mirada de rencor hacia Juan. El Grifo escupió el tabaco que estaba masticando y se levantó de su asiento:

—¿Qué dijiste, hijo de puta? No estés jugando con eso, cabrón.

El Lurias trató de interponerse entre el Grifo y Juan para evitar que se acercaran. Juan contestó:

—Pues ya escuchaste, Grifo, y la neta lo hice porque así tenía que ser por el bien del barrio.

El Grifo sacó de su pantalón una navaja que desfundó y mostró amenazante a Juan mientras le decía:

—Estás muerto, cabrón. El Cráneo fue mi carnal y siempre me apoyó en la cana. Gracias a él nunca me faltó nada aquí adentro.

—Me imagino, carnal, pero afuera ya se pasaba de lanza con la gente —dijo Juan—. Se pasaba de lanza con la misma banda, se estaba enfermando de poder. Ya no chambeaba por el barrio, chambeaba para él mismo.

—Chingas a tu madre, morro —bramó el Grifo —. ¿Quién te mandó matarlo? ¿La tira, los cárteles?

—No wey, neta que no. Incluso el Chango era mi jefe y también lo volé porque andaba en las mismas—dijo Juan—. Le estaban picando los ojos al barrio. Se lo estaban comiendo, y así no se hacen las cosas. Eso es traición y la traición al barrio se paga con la vida, ¿o no? Eso fue lo que yo desde chiquito aprendí. Además, a raíz de su muerte, junto con el Guerrero hemos hecho varias cosas buenas para el barrio. Hemos dignificado a la gente, nos enfrentamos a la tira, a los cárteles a los maras, rescatamos a unas morras que habían secuestrado los alfas y, poco a poco, le damos forma a las cosas, lo protegemos y lo respetamos, que es lo más importante.

—Eso es neta, Grifo —dijo el Lurias—, incluso este wey fue de los que impulsó la tregua entre las bandas. Acuérdate qué madrizas nos dábamos antes todos en el barrio. Ahora ya no hay ese pedo, ahora podemos convivir respetando nuestros espacios y protegiendo a la gente como un solo barrio. La neta no te está mintiendo, no en vano este wey es querido y respetado en la Morelos e incluso en otros lados y por otras bandas. Tan es así que le puedes preguntar al Guerrero. Ese wey viene cada semana a visitar a la banda, ¿no?

El Grifo aflojó levemente el ceño, bajó la navaja y volvió a mirar a Juan para decirle:

—Ahora está intercediendo por ti este wey, el Lurias, pero yo no lo voy a creer hasta que salga de la boca del Guerrero. Mientras, mejor mantente alejado, porque yo no respondo si en un arranque se me va el fierro y te vuelo chavo. El Guerrero viene en estos días y él me dirá si te mueres o te hago mi carnal, pero si me estás mintiendo vas a desear no haber nacido, cabrón.

Por ese día fue todo. La tensión en el patio disminuyó con ese acuerdo. Todos volvieron a sus actividades normales, a esperar que pasaran las horas y la visita del Guerrero definiera el destino de Juan Tostado en prisión.

Dos días después se presentó la primera visita de Juan dentro de la prisión. El Guerrero llegó temprano y se encontró con un Juan que lucía un poco desgastado, pues los últimos días habían sido complicados, cuidándose por todos lados para no ser sometido por ser «el nuevo», así como por los trabajos forzosos y las malas condiciones en las que estaba viviendo. Sin embargo, su carácter y estoicismo seguían inmaculados. Al encontrarse, se fundieron en un gran y fraternal abrazo. Juan no había sentido en toda su vida tanto alivio como ese día.

—¿Cómo vas carnalito, has tenido muchos pedos? —preguntó Guerrero.

—Pues los normales, wey —respondió Juan—. Ya sabes cómo es la cosa aquí, pero justamente ahorita traigo un pedote con unos de los antaños de los calavera. ¿Topas al Grifo?

—A huevo que sí —dijo Guerrero—. Es uno de los fundadores de la banda y uno de mis grandes carnales. ¿Por qué no han parlado?

—Sí, wey, ya parlamos —le respondió Juan—. El pedo es que como le dije que me chingué al Cráneo, pues ahora me quiere volar. Se puso muy mal el vato.

—No mames, ¿neta? No te preocupes, carnal —lo tranquilizó Guerrero—. Yo me voy a comunicar en él y vamos a poner en claro todo. Adentro no vas a tener pedo con ellos. Es obvio que le resultó sorpresivo, pero no hay pedo que yo calmo esa bronca.

—Gracias, carnal —agradeció Juan—. Además hay pedo con los Xolalpa. Ando en el cantón de dos de ellos y, al parecer, la tregua de afuera aquí les vale madres. Así que tenemos que ponernos las pilas para que no nos planchen. Por eso necesito tener bien parlados a todos los de la Morelos y, sobre todo, al Grifo que es el que mueve aquí.

—Simón, wey, dalo por hecho —insistió Guerrero—. ¿Y qué planeas hacer?

—Estar aquí adentro me va a acercar con gente de otros barrios, carnal —explicó Juan—. Desde aquí puedo hacer treguas y alianzas chingonas, por ejemplo con la gente del centro, los de Iztapalapa, la bandita del norte, que son un chingo y bien bravos, una que otra pandilla del estado de México, y así hacernos fuertes, wey. Viene un tiro machín con los alfas y con la tira, así que debemos tener a la mayoría de los barrios como aliados. No podemos cometer más errores.

—Eso sí, wey —asintió el Guerrero—. Nos va a ser de mucha ayuda tu estancia aquí, aunque yo espero poder sacarte pronto, a la buena o a la mala. Apenas andamos parlando con uno de los abogados del barrio, y el Alucín anda viendo si conecta a uno de los defensores de los Xolalpa.

—Eso ya lo iremos viendo, carnal. Déjame primero acomodarme aquí, ¡ja, ja, ja! —bromeó Juan—. Ya verás que la armamos chido adentro y afuera. Yo me encargaré de hacer una pinche pandillota aquí, pegarle a los alfas desde dentro de cana e ir tejiendo los parles.

—Vientos carnal, pues hay mucho por hacer entonces. Tus próximos meses aquí pintan muy complicados y ocupados —le advirtió el Guerrero—. Hay mucha chamba, pero tendrás todo el respaldo del barrio.

—Chido, carnal —dijo Juan—. Oye, ¿y qué pasó con el Chivo? ¿Se lo chingó la Morena? ¿Cómo está ella, cómo está todo por el barrio?

—Todos conforme al plan, mi hermano —respondió el Guerrero—. La morenita es letal. Le pegó sendos plomazos al puto ese y se lo chingó. Lo dejó bien frío y encuerado en un hotel. Ella está a salvo en el barrio, bajo la protección de todos nosotros. Ya sabes, talonenando y cuidando a sus morras. La tira anda bien desconcertada. No han podido capturar a más cabezas y la muerte del Chivo los agarró en la pendeja. Andan más preocupados, cuidándose las espaldas. No saben ni por dónde les llegó el madrazo. La gente se anda poniendo bien trucha en el barrio y ya van varias madrizas con la policía, pero ya sabes: el barrio manda y no se deja.

—¡Qué chido, wey! —exclamó Juan—. ¿Y los alfas ya no se han parado por allá?

—Pues todavía tienen algunos dealers regados —respondió el Guerrero—, pero ya son menos. La presencia de gente de los Xolalpa y de nosotros los han hecho huir poco a poco, pero no nos confiamos. Ya sabes que esto es de estira y afloja. Por cierto, los morros que entrenaste en el Ajusco salieron bien buenos para el plomo y los putazos. Haz de cuenta que son una copia tuya, pinche Juan. Si logramos hacer todo un ejército así, nadie se nos va a parar enfrente. Lo mismo que tus carnales, el Camello y el Matehuala, cada vez se mueven mejor y le agarran más el pedo a todo. Incluso el Camello ya quiere comenzar a montar su laboratorio de nieve y anfetas.

—Chido por esos cabrones, todos ellos serán las nuevas generaciones calavera y la van a armar chingón —declaró Juan.

—A huevo que sí —asintió Guerrero—, y estarán bien dirigidos por ti, carnal. Hay mucho futuro en la banda. No me queda la menor duda de que los calavera van a crecer mucho cuando ustedes estén a cargo.

—Pues ya se verá, carnal —dijo Juan—. Por tanto, hay que chispar este pedo en la cana, porque aquí son bravos todos. Si sobrevivimos ya estaremos montando el show afuera.

—Cuídate mucho, carnal. Estate bien trucha —aconsejó el Guerrero—. Yo me encargo de alivianar al Grifo. ¿Quieres que le notifiquemos al indio que estás encerrado, o a tu carnala?

—No, wey. A ninguno de los dos —se negó Juan—. No quiero que aquí adentro se me trate especial por ser protegido del indio. Si me haré de un nombre será por mis huevos, no por los huevos de otros. Y a mi carnala ni se les ocurra decirle nada. Ella debe estar concentrada en su vida, en sus estudios y en ser feliz. Solamente ustedes pónganse chingones y estén al tiro, porque aquí vamos a necesitar muchas cosas para levantarnos, ¿va?

—Entendido, carnal —asintió Guerrero—. Pues nos vemos pronto. Yo estaré bien al tanto de todo lo que te haga falta aquí. Cuenta con eso, y ya verás que valdrá la pena para bien el tiempo que te avientes en la cana.

Ambos pandilleros se despidieron de forma momentánea. Las cosas para Juan Tostado manifestaban un nuevo reto en el que todas sus vivencias y aprendizajes se pondrían a prueba en prisión. Aquí lucharía por sobrevivir, por hacerse de nombre y respeto, por no ser sometido y, lo que más le interesaba, por hacer valer a su barrio forjando esas alianzas que les dieran la pauta para enfrentar la inminente batalla que estaba por venir, la más complicada, contra el cártel de los alfas. Y, sin lugar a dudas, su presidio serviría como un entrenamiento perfecto para culminar su formación como capo de la mafia de la Morelos.

GLOSARIO DE
TÉRMINOS Y EXPRESIONES

Buscas las camisas con tu dicho o frase favorita en
https://www.shop.lashistoriasdelaciudad.com/

A huevo: Respuesta afirmativa
A toda madre: Muy bien
Al tiro: Atento
Atoro: Participo
Bazukazo: Cigarrillo de cocaína
Billetudos: Adinerados
Borrego: Traidor
Buenas: De buen físico
Cabrón: Sustantivo
Cabrones: Importantes/Amigos
Cagada: Porquería
Cagar: Cometer error
Caguama: Cerveza grande
¿Cámara?: ¿De acuerdo?
Cana: Cárcel
Cantón: Casa
Caquear: Robo
Carnales: Hermanos
Comiendo el mandado: Traicionando
Congales: Prostíbulos
Cruda: Resaca
Cuadrar: Respetar
Cuatrote: Trampa
Culero: Problemático
Chafa: De mala calidad
Chamaco: Niño
Chamba: Trabajo

Buscas las camisas con tu dicho o frase favorita en
https://www.shop.lashistoriasdelaciudad.com/

Chambear: Trabajar
Chance: Oportunidad
Chavo: Hijo
Chido: Agradable
Chinga: Dificultad
Chingón: Muy agradable
Chingamos: Trabajamos/Logramos/Molestamos
Chingao: Expresión de descontento
Chingar: Afectar
Chingarle: Trabajar
Chingo: Mucho
Desmadrar: Golpear
Desmadre: Desorden
Escuincle: Niño
Feria: Dinero
Forje: Tamaño
Fregada: Inservible
Gacho: Desagradable
Guaguara: Hablador
Húbole: Hubo
Huevos: Valor
Jalamos: Vamos
Jalar: Juntar
Jale: Negocio /Trabajo
Jefa: Madre
Jefe: Padre
Jodido: Pobre
Lamer huevos: Lambisconería
Lana: Dinero
Leña: Leal

Buscas las camisas con tu dicho o frase favorita en
https://www.shop.lashistoriasdelaciudad.com/

Llevar la chingada: Ir mal
Machín: Mucho
Madrazos: Golpes
Mamadas: Tonterías
Menear: Dirigir
Micha: Mitad
Mierda: Malo
Mi´jo: Mi hijo
Morro: Niño
Neta: Verdad
Ni madres: Nada
Onda: Situación
Órale: Está bien
Paro: Ayuda
Partir madres: Vencer
Pedo: Problema
Pendejadas: Tonterías
Pendejo: Tonto
Picando los ojos: Traicionando
Pinche: Adjetivo que sobaja
Ponerme: Delatarme
Puñales: Cobardes
Putada: Prostitución
Putazos: Golpes
Putiza: Difícil
Rifar: Hacer bien un trabajo
Rol: Viaje
Talonear: Robo sin violencia
Torcidos: En problemas
Tranza: Respecto a

Buscas las camisas con tu dicho o frase favorita en
https://www.shop.lashistoriasdelaciudad.com/

Buscas las camisas con tu dicho o frase favorita en
https://www.shop.lashistoriasdelaciudad.com/

Trucha: Atento
Tumbamos: Derrotamos
Un cuatro: Trampa
Valer madres: Fracasar
Varo: Dinero
Volar: Matar
Voltear bandera: Traicionar
Wey: Sustantivo

Buscas las camisas con tu dicho o frase favorita en
https://www.shop.lashistoriasdelaciudad.com/

LAS HISTORIAS DE LA CIUDAD

El mundo no es blanco y negro como las páginas de este libro. Es de color gris. El bien y el mal aparecen muy borrosos cuando la espalda está contra la pared. Como reaccionas ante la adversidad, determina gran parte de tu destino.
Si, controlas tu destino, ¿qué vas a elegir?
El poder real viene con opciones y es por eso que el conocimiento es poder. El mundo es grande, pero si no sabes qué opciones existen más allá que las de tu área inmediata, no tienes muchas opciones. Todo y todos están conectados de alguna manera. Nuestra misión es conectar y comunicar para crear un mañana mejor para todos y cada vida que tocamos.

Nos gustaría aprovechar esta ocasión para invitarle a visitarnos en http://www.lashistoriasdelaciudad.com/

Manténgate en contacto con LHDLC y Únete a nuestra lista de email en http://www.lashistoriasdelaciudad.com/contact-us/

The House of Randolph Publishing, LLC
1603 Capitol Ave.
Suite 310 A394
Cheyenne, Wyoming 82001

Email: info@lashistoriasdelaciudad.com

Phone #: 954.603.3036

LIBROS DE LHDLC

Por qué prefiero ser un narco 1-5
Escritor: **Joaquín Matos**

La vida de Luis Restrepo, traficante de drogas en la frontera colombo-venezolana, se complica por momentos. La cocaína, las mujeres y los cárteles rivales convierten su existencia en una espiral de autodestrucción de la que no es capaz de salir.

Un traqueto no se fía de nadie. Un traqueto no descansa, solo quiere billete para darse la vida, oler unas líneas y tener todas las mujeres que desea. Pero esta mezcla explosiva puede llevarlo al borde de la locura e incluso acabar por matarlo.

Amor ciego, justicia ciega
Escritor: **J.C. Solas**

Lila es joven, hermosa y luchadora, con fuertes ideales de justicia incrustados en su corazón. Luego de atravesar por trágicos y dolorosos eventos familiares, se verá envuelta en toda una maraña tejida con dinero, poder, influencias, riqueza y mentiras. Alguien de su pasado volverá -inesperadamente- a su vida para cambiarla por completo y para siempre.

SOBRE EL AUTOR

Diego Castillo es escritor promesa oriundo del Estado de
México. Se crió en un humilde barrio a las afueras de
Tlalnepantla dónde vivió una infancia difícil junto a su mamá y
sus cuatro hermanos. Cuenta que uno de sus mayores logros
fue haber entrado al CCH a estudiar, ya que aseguró un lugar
en la prestigiosa Universidad Nacional Autónoma de México.
Tras haber terminado sus materias en la carrera de Letras
Hispánicas en la UNAM, se propuso escribir su tesis sobre el
narcotráfico y el crimen organizado en México. De esta
investigación salió el material que Diego Castillo plasma en
estas páginas. Su pasión por el tema y las interesantes
anécdotas que recolectó en sus frecuentes viajes por el país
dieron como resultado esta intrigante historia.

Más información disponible sobre Diego en
http://www.lashistoriasdelaciudad.com/escritores

www.ingramcontent.com/pod-product-compliance
Lightning Source LLC
Chambersburg PA
CBHW030252030426
42336CB00009B/350